2026
일본에서 유행하는 것들

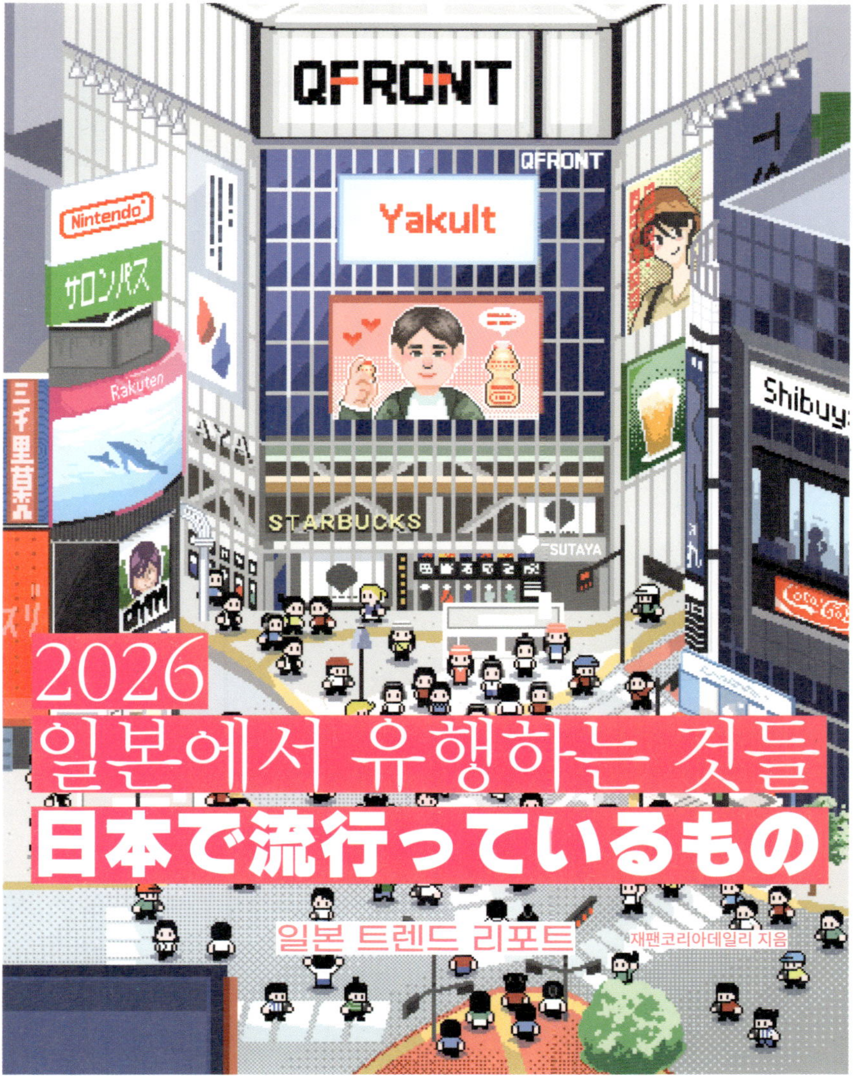


# 2026 일본에서 유행하는 것들

# 日本で流行っているもの

## 일본 트렌드 리포트

재팬코리아데일리 지음

bs
브레인스토어

# CONTENTS

# CONTENTS

## * 주거

## * 여행

## * 에필로그

# 프롤로그

일본 사회에서 나타나는 변화는 때로는 익숙하고, 때로는 낯설게 다가온다. 우리가 이미 알고 있다고 생각했던 일상 속에서 새로운 선택지가 생기고, 사소해 보였던 취향이 하나의 경향으로 자리 잡는다. 이러한 변화의 순간들을 차분히 들여다보는 데서 이야기는 출발했다. '지금 일본에서는 무엇이 바뀌고 있는가'라는 질문이 그 시작점이다.

일본 사회 전반을 꾸준히 관찰해 온 '재팬코리아데일리'의 시선으로 뉴스로는 다 담기지 않는 생활의 변화, 숫자로는 설명하기 어려운 분위기를 함께 살폈다. 여기에 일상 속에서 자연스럽게 겹쳐 보이던 흐름들까지 한데 모아, 그동안 축적해 온 수많은 기록을 토대로 2026년의 일본을 이해하기 위한 하나의 맥락으로 정리하고자 했다.

'2026 일본에서 유행하는 것들'은 단순히 '유행하는 아이템'을 나열한 책은 아니다. 특정 세대나 소비층에 국한되지 않고, 일본 사회 전반에서 실제로 나타나고 있는 변화들을 분야별로 살펴본다. 눈에 띄는 트렌드뿐 아니라, 그 이면에 깔린 생활 방식의 변화와 가치관의 이동, 사회 분위기의 미묘한 전환까지 함께 짚고 싶었다. 왜 지금 이런 움직임이 나타나고 있는지, 그리고 이 변화가 일본 사회 안에서 어떤 의미를 갖는지를 함께 생각해 보는 데 초점을 맞췄다.

이 책이 제시하는 2026년은 정답이거나 예언은 아니다. 다만 지금의 일본을 조금 더 입체적으로 이해할 수 있는 참고 지점이 되기를 바랐다. 빠르게 읽히되, 가볍게 소비되고 끝나는 트렌드 정리본이 아니라, 일본 사회를 바라보는 하나의 관점으로 남기를 기대한다. 이 책이 일본의 현재를 이해하는 데 작은 단서가 되고, 변화의 방향을 스스로 상상해 볼 수 있다면 그것으로 충분하다.

# 일본 MZ,
# 어떻게 살고 있을까

2026日本で流行っているもの

# LoveType 16

## 이제는 연애도 MBTI처럼 16가지 타입으로

최근 SNS에서 'MBTI 연애 버전'이라 불리는 'Love Type 16(ラ
ブタイプ16)' 진단이 폭발적인 인기를 얻고 있다. 단순한 밈을 넘어,
이제는 MZ세대의 공용 연애 언어로 확고히 자리 잡았다. 고등학생
부터 20대까지 높은 참여율을 보이며, 이미 'MBTI 테스트'가 열어
놓은 자기 분석 문화의 토양 위에서, Love Type 16은 그 기능을
연애라는 핵심적인 인간관계 영역으로 확장시켰다.

Love Type 16은 개인의 연애 스타일과 커플 간 궁합을 16가지
유형으로 분류하는 테스트다. 핵심 구조는 네 가지 축으로 이루어
져 있다.

### ① Lead / Follow (리드/순응)
관계의 주도권을 쥐고 싶은지, 상대에게 맞추고 싶은지

### ② Cuddly / Accept (표현/수용)
애정을 표현하고 싶은지, 혹은 받아주고 싶은지

### ③ Realistic / Passionate (현실/열정)
현실적 연애를 중시하는지, 감정과 열정을 추구하는지

### ④ Optimistic / Earnest (자유/진지)
자유롭고 낙관적인지, 진지하고 헌신적인지


이 네 축이 조합되어 '충견 하치공', '데빌 천사', '카리스마 밸런서' 등 총 16개의 캐릭터형 연애 타입이 만들어진다. 진단 결과는 게임 캐릭터처럼 설정된 이름과 일러스트로 제시되며, 사용자들은 이 결과를 캡쳐해 SNS에 공유하며 자신의 캐릭터를 '플레이'하듯 소비하고 있다.

Love Type 16이 폭발적으로 확산된 이유는 MZ세대의 핵심 심리인 '효율'과 '공감'이 진단의 설계와 맞닿아 있기 때문이다.

이 진단이 등장하기 전, 이미 MBTI는 호감 있는 사람을 공략하기 위한 '연예 관계'의 해석 도구로 널리 활용되고 있었다. 실제로 TikTok, X 등 SNS에서 'ISTJ 공략법', 'ENFP 연애 성향' 등의 검색과 콘텐츠 업로드가 활발했다. Love Type 16은 바로 이 연애 범주에 기능을 특화하여 성격 전반을 다루는 MBTI보다 훨씬 직관적이고 실용적인 분석을 제공하며 폭발적인 화제성을 얻었다.

Love Type 16은 연애에서도 '감정의 즉흥성'보다 '관계의 데이터화'를 선호하는 MZ세대의 성향을 반영한다. 이 진단은 연애를 시작하기 전 상대의 사용 설명서를 미리 확인하는 '공략 지도'로 기능한다. 실제로 Pairs, Tinder 등 소셜 데이팅 앱에서는 프로필에 자신의 러브타입을 공개하는 사용자가 증가하고 있으며, 이는 가치관 미스매치 방지와 탐색 비용 절감을 위한 합리적인 전략으로 받아들여진다. Love Type 16은 MZ세대가 추구하는 효율적인 관계 관리의 상징적인 도구인 것이다.

흥미로운 특징은 단순한 유형 분류를 넘어, MZ세대의 유동적인 자기 인식과 능동적인 관계 관리에 깊이 관여한다는 점이다. 사용자들은 연애 경험에 따라 결과가 바뀔 수 있는 가변적 성향 테스트로 Love Type 16를 인식한다. "새 연애를 시작하면 다시 해본다", "이별 후엔 결과가 달라진다"라는 사용자들의 반응은 "성격보다 연애가 더 유동적이다"라는 MZ세대의 인식과 맞닿아 있다. 짝사랑부터 연애, 이별까지, 경험적 업데이트가 성격의 변화보다 자주 일어나므로, Love Type 16은 자기 변화의 서사(스토리텔링)를 가능하게 하는 '연애 건강검진 루트'로 작용하며 롱테일 트렌드가 될 가능성을 높인다.

이 진단은 진단 그 자체가 하나의 콘텐츠가 되고, 그 콘텐츠가 곧 관계의 대화 소재가 되는 순환 구조를 확립했다. 진단 결과는 캐릭터 일러스트와 4글자 코드로 시각화되어 공유되며, 친구끼리 비교하거나 커플끼리 '궁합 테스트'를 하는 놀이 문화로 발전했다. 이는 인간관계의 난해한 감정을 객관화된 캐릭터 이름과 코드로 쉽게 설명하고 공감대를 형성하는 '관계 커뮤니케이션 도구' 역할

**FCPE**

忠犬ハチ公 ©

Love Type 16 진단 결과 화면 ⓒ Love Type 16 홈페이지

을 수행한다.

Love Type 16의 성공은 일회성 유행이 아니라 '관계의 시대'를 반영한 구조적 현상이다. MBTI가 개인의 '내면 탐구'였다면, Love Type 16은 타인과의 '관계 탐구'로 진화했다. 연애를 감정의 사건이 아니라 패턴의 이해, 데이터로 분석 가능한 경험으로 바라보는 MZ세대의 합리적 감수성이 이 트렌드를 장기화시키는 핵심 동력이다.

결국, Love Type 16은 MZ세대가 '감정'을 '데이터'로 번역하는 방식이다. Love Type 16은 데이터로 사랑을 해석하고, 감정으로 관계를 완성하는 세대의 방식을 상징한다. 이들은 사랑을 감정의 폭발로 경험하기보다, 이해와 분석의 과정으로 받아들이며, 연애의 실패조차 다음 반영할 데이터로 기록한다. 데이터 감성 시대의 연애 문법으로서, 사랑을 운명이나 감정의 영역으로만 두지 않고, 이해, 해석, 업데이트 가능한 경험으로 재구성한다는 점에서 기존의 연애 인식과 구분된다. MZ세대에게 이 테스트는 단순한 심리테스트가 아닌, '나와 타인을 읽는 언어'이자 '효율과 공감을 연결하는 감정의 알고리즘'이 된 것이다.

# 二季

# 이계

사계절이 붕괴된 일본?!
'여름과 겨울'의 이계화二季化 일상

일본에서는 최근 몇 년 사이 계절 구분이 흐려지는 현상이 두드러지고 있다. 일본의 계절은 우리나라와 마찬가지로 오랫동안 사계절로 설명되어 왔으며, 봄의 벚꽃, 여름의 푸른 녹음과 마츠리, 가을의 단풍, 겨울의 눈으로 상징되는 사계절 구조였지만, 최근에는 이 중 봄과 가을의 완충 지대가 급격히 짧아지면서 사실상 여름과 겨울 중심의 기후로 이동하고 있다.

과거에는 '이상 기후' 정도로만 불렸던 이 현상은 이제 '이계화(二季化)'라는 표현과 함께 '새로운 표준(New Normal)'으로 진단받고 있다. 이 용어가 2025년 일본의 유행어 대상 후보에까지 올랐다는 사실은 이 현상이 일상적 경험으로 자리 잡았다는 신호이기도 하다. 특히 젊은 세대는 '여름의 잔열이 가시기도 전에 바로 닿는 한기' 같은 극단적 온도 전환을 반복히 겪으면서 사계절의 감성

**9월 말경 38도를 표시하고 있는 시즈오카 시청 앞 온도계 ⓒ 아사히신문**

을 이전 세대처럼 유지하기 어렵다는 인식을 자연스럽게 갖게 되었다. 빠르게 바뀌는 기후 속에서 이들의 감각은 실용성과 유연성에 기반해 형성되고 있는 것이다.

기후 데이터를 기준으로 보면 이름의 시작이 앞당겨지고 지속 기간이 20년 전보다 2~3주가량 길어졌으며, 폭염의 강도도 높아졌다. 반대로 가을의 시작은 늦어졌고 겨울의 전개는 큰 변동이 없어, 가을이라는 계절 자체가 눈에 띄게 짧아진 흐름이 나타난다. 이처럼 완충 기간이 사라지면서 '더위에서 바로 추위로' 넘어가는 구조가 굳어지고 있고, 이 변화는 신체에도 직접적인 영향을 준다. MZ 세대가 신체를 추위에 익숙하게 만드는 '한랭 순화(寒冷順化)'를 몸 관리 루틴으로 받아들이는 흐름은 이러한 배경과 맞물린다.

이계화 현상으로 인한 폭염의 장기화는 MZ세대의 일상 패턴을 근본적으로 변화시키는 동력이 되었다. 이들은 가장 더운 한낮의 활동을 피하고 아침이나 저녁 시간대로 주요 활동을 재조정하는 경향을 보인다. 이는 마치 아열대 지역의 생활 양식처럼 실내 중심의 하루를 보내는 시간이 늘었음을 의미한다. 젊은 세대들은 기존 계절 구분보다 생활의 편의성과 안전을 우선하며 더위와 추위 모두를 대비하는 '올 시즌 대응' 감각이 자리 잡고 있다. 즉, 사계절은 이들에게 실제 경험보다 교육을 통해 배운 구조에 가깝고, 일상에서 기준이 되는 것은 여름과 겨울이라는 두 환경이다.

이러한 실용적 감각은 소비와 주거 패턴에도 이어진다. MZ세대는 계절의 감성보다는 체감되는 온도를 기준으로 소비를 결정하는 '기후 기반 소비'를 구축하고 있다. 이들은 변덕스러운 날씨에 대응하기 위한 기능성 의류나 가벼운 레이어링 아이템을 선호한다. 기온 변화가 심하면 계절과 무관하게 여름 상품이 늦게까지 팔리고, 갑작스러운 추위가 오면 겨울 상품이 단번에 움직인다. 또한, 주거에서도 냉난방 효율, 단열 구조, 환기 방식처럼 두 계절에서의 안정성을 우선한다. 폭염과 장마가 반복되는 여름은 이동의 자유를 제한하며, 여행 방식 역시 안전하고 피로가 적은 시간대를 선택하는 방향으로 재편되고 있다.

이처럼 통제할 수 없는 거대한 기후 현실 앞에서, 젊은 세대는 불안을 정면으로 마주하기보다 '언어적 거리두기'를 시도한다. 사라지는 계절을 아쉬워하기보다 지금의 환경에 자신을 맞추며 적응하는 쪽을 선택한다. '이계'라는 표현 역시 기후 변화의 무거움을 가볍게 다루며 심리적 여유를 확보하려는 방식으로 쓰이고 있다. "이제 10월이니까 겨울 옷을 사야겠다" 등과 같은 말은 걱정을 유머로 치환해 현실에 적응하려는 MZ세대만의 생존 감각을 보여주고 있다.

이후의 일본 사회는 이러한 감각을 일상의 기준으로 받아들이게 될 가능성이 높다. 계절 변화를 예측하기 어려운 환경에서 사람들은 체감 온도와 안전을 중심으로 생활 리듬을 다시 구성하며, 사회는 자연스럽게 그 흐름을 따라가게 된다. 폭염과 한파가 반복되면서 냉난방 접근성에 따른 생활 격차가 드러나고 있으며, 이를 완화하기 위한 사회적 장치가 중요해지고 있다는 점도 점차 공유되는 흐름이다. 이계화는 더 이상 특별한 사건이 아니라, 일본이 앞으로 생활 구조를 조정할 때 전제로 삼게 될 환경이 된 셈이다.

결론적으로 일본의 이계화 현상은 단기적 변덕이 아니라 새로운 생활 기준을 형성하는 변화이다. MZ세대는 이 변화를 회피하기보다 현실적인 방식으로 받아들이며 새로운 기준을 만들어 가고 있다. 과거 일본이 사계절의 섬세함을 중요한 정체성으로 여겼다면, 앞으로의 일본은 길어진 여름과 갑작스러운 겨울을 중심으로 일상을 다시 설계하게 될 것이다. 이 변화를 자연스럽게 받아들이는 MZ세대의 감각은 일본 사회의 대응 속도를 끌어올리는 동력이 될 전망이다.

古古古米

# 고고고미

현실의 불안을 유머로,
'레이와 쌀소동'이 낳은 '고고고미' 밈

2025년, 일본에서는 예상치 못한 쌀 가격 폭등과 정부 비축미 방출이 겹치며 '레이와 쌀소동(令和の米騒動)'이라 불리는 사회적 혼란이 일어났다. 일본인의 주식인 쌀 가격이 폭등하자 SNS에서는 가격표 앞에서 고민하는 풍경이 폭발적으로 공유되었고, 그 혼란의 한가운데에서 '고고고미(古古古米)'라는 표현이 빠르게 입소문을 타기 시작했다.

'고고고미'는 '3년 이상 수확한 묵은쌀'을 지칭하는 업계 용어였다. 쌀 가격의 고공행진이 지속되자 정부는 가격 안정을 목표로 비축미를 시장에 대량 방출하기 시작했다. 이 표현은 2025년 '신조어/유행어 대상' 후보에까지 오를 정도로 화제가 되었으며, 이는 소비자의 선택 기준이 '품질'에서 '가격'으로 옮겨간 새로운 소비 국면이 시작되었음을 알리는 신호탄이었다.

2025년 일본의 소매 쌀 가격은 5킬로그램 기준 4천 엔 대를 넘어섰다. 생산량 감소, 농가 고령화, 기상 악화가 겹치며 구조적 문제가 누적된 결과였다. 이에 정부는 가격 안정을 위해 비축미를 대량 방출했고, 2022년산 '고고미', 2021년산 '고고고미'에 이어, 2020년산 '고고고고미'까지 내놓는 강수를 뒀다. "쌀을 시장에 많이 풀어야 가격이 내려간다"는 판단을 전면적으로 밀어붙인 조치였다. 햅쌀 신뢰가 강한 일본에서는 이러한 대응이 비축 시스템의 경직성과 정책 정보 전달의 미흡을 드러내며, 가격 급등을 초래한 구조적 취약성까지 한꺼번에 노출시켰다. 그 결과 소비자 불안은 오히려 더 커지기 시작했다.

이러한 혼란 속에서 '고고고미'가 빠르게 확산된 이유는 무거운 사회 문제를 장난스러운 말투로 중화할 수 있는 언어적 감각 덕분이다. 일본 MZ세대는 자신이 통제할 수 없는 문제 앞에서 먼저 언어를 만들어 현실을 바꾼다. 쌀 가격 폭등이라는 현실을 정면으로 마주하기보다, '고고고미'라는 말로 불안을 웃음으로 바꾸는 것이다. 이는 불안을 밈화하고 이미지 콘텐츠로 바꾸는 젊은 세대의 태도가 그대로 드러난 결과이다.

실제로 '초고고미(超古古米)'라 불릴 만한, 약 18년 전(2007년산)에 수확된 묵은쌀 샘플이 한 회사 창고에서 발견되어 SNS에서 큰 화제가 된 사례가 있다. 이 쌀은 무려 '고고고고고...미'로 불리며 160만 건이 넘는 조회수를 기록했는데, 누리꾼들은 "발견이라기보다는 출토 수준"이라며 현실을 자조적 언어로 비틀어 해석했다.

일본 정부에서 방출한 비축미 ⓒ 도쿄스 문 공식 홈페이지

한편, 묵은쌀의 대량 유통은 곧바로 품질 논쟁으로 이어졌다. 쌀 전문가들은 오래된 쌀은 지질 산화로 인해 '묵은쌀 냄새'가 나고 끈기나 단맛이 감소한다는 특징을 지적했다. 그러나 정부 비축미는 보관 기준이 엄격하여 일상적인 소비에는 문제가 없다는 의견도 존재했다. 젊은 세대는 이 품질과 인식 사이의 간극을 언어로 전환해 일상의 농담처럼 소비했다.

이러한 흐름 속에서 일본 MZ세대는 전통적인 소비 기준에서 한 발 물러나 '맛의 타협'을 시도하기 시작했다. 팬데믹을 지나면서 생산 연도보다 '어떤 상황에서 왜 이런 선택지가 생겼는가'를 함께 고려하는 소비 습관이 자리 잡았기 때문이다. SNS에서는 고고고미를 맛있게 먹는 실용적인 팁들이 활발하게 공유되었다. 물을 조금 더 넣거나 미림, 꿀, 다시마 등을 첨가하는 방법, 그리고 볶음밥, 카레, 필라프 등에는 오히려 고고미가 더 잘 맞는다는 후기가 확산되었다. 이는 물가고라는 현실적 압박 앞에서 소비자들이 '저렴한 가격'을 위해 '품질의 포기'를 감수하는 실용주의적인 생존 전략을 보여주었다.

'고고고미'는 단순한 유행어가 아니라, 일본의 구조적 문제와 젊은 세대의 감각이 맞물려 탄생한 문화적 현상이다. 이번 쌀소동은 오래 저장된 쌀의 문제만이 아니라, 농촌 고령화·기후 리스크로 인한 식량 자급 취약성, 시장 변화에 대응하지 못한 비축 시스템 등 일본 농업 구조의 약한 고리를 드러냈다.

이 복잡한 상황에서 MZ세대는 이를 하나의 단어로 응축해냈다. 국가 시스템이 흔들리기 시작할 때 젊은 세대는 그 균열을 밈으로 기록하며, 분석보다 감각적인 언어로 현실을 받아들인다. 바꿀 수 없는 상황을 먼저 농담처럼 소비해 심리적 거리를 확보하는 방식이다. 그래서 '고고고미'는 불안과 유머가 동시에 스민 장면이자, 일본식 소비 문화의 결을 보여주는 사례가 되었다.

결국 '고고고미' 밈은 자조적 유머와 실용으로 위기를 극복하려는 대중의 심리가 투영된, 비극적이지만 유쾌한 초상이다. 2026년 이후 일본의 소비 문화는 신선함과 오래됨의 단순한 구분을 넘어, 사회적 맥락과 실용성을 함께 고려하는 방향으로 깊어질 것이다.

# 界隈

# 카이와이

**커뮤니티보다 느슨한,
비밀스러운 소속감**

일본 MZ세대 사이에서 '카이와이(界隈)'라는 단어가 급속도로 확산되며 새로운 사회현상으로 주목받고 있다. 본래 일본어로 '그 근처 일대' 또는 '근방'을 뜻하는 이 단어는, SNS 환경에서 '특정 취향이나 관심사를 공유하는 사람들끼리 모인 온라인 공동체'를 의미하는 슬랭으로 진화했다.

'카이와이'는 '推し界隈(덕질 카이와이)', '美容界隈(뷰티 카이와이)', 'アニメ界隈(애니메이션 카이와이)'처럼 특정 키워드 뒤에 붙어, 기존의 '커뮤니티'보다 훨씬 느슨하고 유동적인 성격을 지닌다. 이 트렌드는 단순히 취미를 공유하는 것을 넘어, MZ세대가 대규모 집단을 회피하고 '안전한 거리두기' 속에서 자신의 정체성을 찾아가는 중요한 라이프스타일 코드가 되고 있다.

MZ세대가 기존의 폐쇄적인 '팬덤'이나 '클럽' 대신 '카이와이'를

fasme #○○카이와이진단♡ 7개 진단 결과 © hotlink PR Times 기사 캡쳐

선호하는 배경에는 복잡한 사회적 경험과 심리적 방어기제가 작용한다. 카이와이는 한자 '界(경계)'와 '隈(구석진 곳)'가 결합된 단어로, 경계가 모호하고 깊숙한 공간이라는 뉘앙스를 풍긴다. 이는 MZ세대가 대규모 집단 내에서 겪는 피로감, 즉 '계층(히에라르키)' 형성이나 '집단 따돌림(이지메)'에 대한 피로감과 불안감에 직결된다.

실제 MZ세대 대상 조사에 따르면, 상당수가 학창 시절 집단 내 갈등에 노출된 경험이 있으며, 이로 인해 '집단 생활은 무섭다'거나 '사람들과 거리를 두는 것이 좋다'는 인식을 갖게 되었다. 카이와이는 이러한 경험을 바탕으로, '억지로 어울릴 필요 없는' 익명 기반의 공간에서 '파벌 없는 동질감'을 느끼고자 하는 MZ세대의 욕구를 충족시킨다.

카이와이는 긍정적인 취미뿐만 아니라, 쉽게 드러내기 힘든 부정적이거나 사적인 결핍까지도 편하게 공유하는 안전지대 역할을

한다. 대표적인 사례가 한국에서도 화제가 되었던 '#風呂キャン界隈 (목욕 캔슬 카이와이)'이다. '목욕하기 싫다', '씻는 과정이 귀찮다'라는 지극히 개인적인 감정을 공유하는 이 카이와이는, 익명의 온라인 공간에서 폭발적인 공감을 얻으며 긍정적인 '에모이(エモい, 감성적이다)'한 경험을 나눈다. 즉, 카이와이는 완벽하지 않은 나의 모습을 있는 그대로 드러내도 비난받지 않고, 나와 비슷한 사람이 이렇게 많다는 안심 속에서 '공감 친구(어 모토모, エモ友)'를 얻는 통로가 되는 것이다.

카이와이가 단순히 온라인 활동에 머무르지 않고, 실제 경제 활동으로 이어지는 현상을 '카이와이 소비(界隈消費)'라고 정의한다. 카이와이 소비는 기존 마케팅 타깃층이 포착하기 어려웠던 '강력한 구매력을 가진 팬덤 경제'를 형성한다. 단순히 '추천 상품'을 구매하는 것을 넘어, 자신이 속한 카이와이의 가치관과 불문율에 따라 움직이는 것이 특징이다. 이는 '나의 소비가 곧 나의 정체성'이라는 자기표현의 일환으로 작용한다.

실제로 MZ세대의 소비 영역은 '일상' 다음으로 '덕질 활동'이 1, 2위를 다투며, 이들이 쓰는 연간 지출 규모는 결코 적지 않다. 특히, '덕질 대상(推し, 오시)'을 중심으로 형성된 카이와이는 콘서트 성지 순례, 한정판 굿즈 구매 등 강력한 경제 효과를 창출하고 있다.

이러한 소비 트렌드는 MZ세대가 'JK 카이와이', '오타쿠 카이와이', '한국 카이와이' 등 다양한 카테고리로 세분화되어 있음을 보여준다. 이들은 같은 세대임에도 불구하고 트렌드 선호도에서 극명한 차이를 보이며, 카이와이별로 특정 브랜드나 상품에 대한 충성도가 매우 높게 나타난다. 이는 MZ세대를 하나의 집단으로 규정할 수 없으며, 세분화된 취향을 중심으로 경제 활동이 이루어지고 있음을 시사한다.

카이와이 활동에서 특히 주목할 점은 '폐쇄성'이다. 기존 X(구 트위터)처럼 모두에게 열린 공간에서 활동하던 MZ세대는 점차 Discord, BeReal, Threads 등 특정 그룹이나 팔로워에게만 순간을 공유하는 '클로즈드 SNS'로 이동하는 경향을 보인다.

이는 '공개적인 지뢰'를 피하고, '정말 나를 이해해 줄 소수의 멤버'와 더욱 깊은 연대를 쌓고자 하는 카이와이의 본질적 심리가 반영된 결과이다. 해외의 '팬덤(Fandom)' 문화가 특정 대상을 향한 열광에 가깝다면, 일본의 '카이와이'는 '나의 결핍이나 취향'을 중심으로 느슨한 동질감을 형성하는 데 중점을 둔다. 이처럼 카이와이는 MZ세대가 복잡한 사회 속에서 가장 안전하고 효율적으로 스스로를 지키며 소속감을 느끼는 새로운 형태의 공동체로 자리매김하고 있다.

# ロ一ファイ美学

# 저화질 열풍

초고화질 시대 속에서
흐릿한 한 장이 더 진한 감동을

일본은 이제 레트로 열풍을 넘어, 그 감성이 한층 더 심화된 '저화질 미학(ロ一ファイ美学)'의 시대를 맞이하고 있다. 레트로가 과거의 복고풍을 재해석하는 움직임이었다면, 2026년의 일본은 '낡음'을 감성의 언어로 재창조하며, '저화질'을 새로운 미적 코드로 받아들이는 역설적인 흐름 속에 있다.

지금 일본의 유명 카페나 골목길에서는 다시금 '찰칵'하는 셔터음이 들린다. 고성능 카메라가 아닌, 오래된 핸드폰이나 필름 카메라로 찍은 듯한 흐릿한 사진을 남기기 위해서다. MZ세대에게 이 셔터음은 곧 '감성이 있는 사진'을 의미하며, 여기서 말하는 '감성'이란 노이즈와 흔들림이 섞인 저화질의 따뜻한 불완전함을 뜻한다.

이 트렌드의 가장 특징적인 현상은 '투폰(Two-Phone) 문화'이

레트로한 감성으로 담아낸 야나카긴자 상점가 ⓒ Japan Korea Daily

다. MZ세대는 일상용으로는 최신 스마트폰을 사용하면서도, 기록용으로는 구형 공기계를 따로 휴대한다. 특히 구형 아이폰의 경우, "보정하지 않아도 색감이 자연스럽고, 손 떨림으로 인한 흐릿함이 오히려 매력으로 느껴진다"라는 이유로 중고 거래 플랫폼에서 활발하게 거래되고 있다. 즉, 최신 기술이 아닌 '특정 감성'을 소비하는 새로운 시장이 만들어지고 있는 것이다.

자연스럽게 필름카메라도 다시 주목받고 있다. 1990년대 후반, 대히트를 기록했던 후지필름(富士フィルム)의 일회용 카메라 '写ルンです(우츠룬데스)'가 그 대표적 사례. 디지털 네이티브로 불리는 MZ세대가 "레트로하면서도 감정이 담긴 사진이 찍힌다"라며 적극적으로 지지하고 있다. 이에 후지필름은 2025년 5월, 필름 사

저화질이 만들어낸 감성 ⓒ Japan Korea Daily

진을 스마트폰으로 전송할 수 있는 전용 어플 '写ルンです+(우츠룬데스 플러스)'를 출시하며 본체의 인기를 재점화시켰다. 스마트폰으로는 누구나 또렷하고 완벽한 사진을 찍을 수 있지만, '우츠룬데스'로 찍은 사진에는 디지털로는 낼 수 없는 부드러움과 따뜻함이 담겨 있다. 그 아날로그 특유의 질감이 오히려 '감정이 남는 한 장'을 만들어내며, MZ세대는 이제 선명함보다 '불완전함이 주는 감정의 질감'을 선택하고 있다.

이 '저화질 미학'은 단순한 취향을 넘어, 고도화된 기술 사회에 대한 MZ세대의 역설적 반응이기도 하다. AI보정, 고화질 영상, 4K 카메라로 모든 결점이 제거된 시대에, 오히려 그들은 흔들리고 뭉개진 이미지 속에서 인간적인 온기를 느낀다. 기술은 완벽을 약속

하지만, 그 완벽함이 오히려 앗아간다는 인식이 젊은 세대 사이에서 확산되고 있다. 즉, MZ세대에게 저화질은 '낮은 퀄리티'가 아니라, 디지털 피로 속에서 자신을 회복하는 장치가 된 것이다.

이 흐름은 SNS에서의 완벽하게 보정된 '연출된 나(A-Side)'에 대한 피로와도 맞물린다. 저화질의 흐릿하고 꾸밈없는 이미지는, 루키즘과 보정 중심의 SNS 문화에 대한 반발이자 '솔직하고 불완전한 나(B-Side)'를 긍정하려는 자아표현의 욕구로 이어진다. 흐릿한 셀카, 흔들린 거리의 불빛, 초점이 빗나간 사진들은 더 이상 실패한 결과물이 아니다. 오히려 '있는 그대로의 나'를 회복하고, '그날의 감정'을 기록하기 위한 감정적 언어다.

심리학자들은 이 현상의 기저에 '아네모이아(Anemoia)' 현상, 즉 '경험하지 못한 시대의 향수'가 자리한다고 분석한다. 태어날 때부터 모든 것이 디지털화된 세상 속에서 살아온 MZ세대에게 저화질 사진이 주는 흐릿함과 독특한 그리움은 그들이 한 번도 경험하지 못한 과거 세대의 감성을 간접적으로 체험하게 해주는 통로가 된다. 낮은 해상도, 손 떨림, 빛 번짐 같은 '결함'은 오히려 '에모이(エモい, 아련한)'한 감정을 자극하며, 부모 세대의 정서를 소비하고 세대 간 감정적 연결고리를 만들어내는 새로운 형태의 노스텔지어 소비로 발전하고 있다.

이와 함께 SNS 콘텐츠 트렌드도 변화하고 있다. 고화질 브이로그보다 흔들리는 일상 영상이 더 높은 공감을 얻고, 일부 인플루언서들은 의도적으로 해상도를 낮추거나, 낡은 디지털카메라로 촬영

아날로그 감성이 묻은 일본 풍경 ⓒ Japan Korea Daily

한 영상을 업로드한다. 이는 완벽한 정보 전달보다 기억의 질감과 감정의 흔적을 공유하려는 문화가 형성되고 있음을 보여준다.

결국 저화질 열풍은 기술의 후퇴가 아니라 감정의 회복이다. 모든 것이 초고화질로 기록되는 시대에, 흐릿한 한 장의 사진이 오히려 '지금 이 순간'을 가장 진하게 담는다. MZ세대에게 저화질은 결함이 아니라 감성이며, 불완전함이 곧 진정성인 시대의 새로운 미학이다. 이 흐름은 앞으로도 필름카메라와 구형 휴대폰, 로파이 (Lo-Fi) 감성을 지향하는 카메라 어플, 그리고 인화 사진, 스크랩북 등 아날로그적 체험 소비로 이어지며 더욱 확장될 전망이다.

# BeReal.

## 가식 없는 SNS!
## 완벽보다 일상을 추구하다

BeReal(비리얼)은 하루에 한 번, 무작위로 정해진 시간에 'Time to BeReal'이라는 알림이 오면 2분 안에 전·후면 카메라로 촬영한 사진을 공유하는 소셜 네트워크 서비스다. 있는 그대로의 모습을 보여주는 것을 추구하는 비리얼은 필터나 보정 기능이 없다. 또, 2분이라는 짧은 시간 안에 사진을 촬영해 업로드해야 하기에 꾸며진 모습보다는 일상적인 모습을 공유하게 된다는 특징이 있다. 다른 SNS와 마찬가지로 친구들과 일상을 공유할 수 있지만 특이한 점은 내가 먼저 사진을 업로드하지 않으면 친구들의 사진을 볼 수 없고 친구들의 비리얼에 나의 셀카로 반응을 남길 수 있다는 것이다. 이름 그대로 정말 '리얼하게' 일상을 공유하는 앱이다.

2020년에 서비스를 시작한 비리얼은 서구권의 MZ세대를 중심으로 큰 인기를 끌며 한때 '인스타그램의 대항마'로 떠올랐고, 그

**BeReal 앱**

인기는 지금 일본으로 이어졌다. We Love Social의 조사에 따르면, 일본에서의 비리얼 DAU(일일 활성 사용자 수)는 2024년 12월 기준 320만 명으로, 전 세계에서 가장 많다. 주목할 점은 비리얼의 유저 중, MZ세대(14~27세)가 차지하는 비율이 2024년 10월 기준 무려 83% 이상이라는 것이다. 일본의 MZ세대는 비리얼의 어떤 요소에 매력을 느낀 걸까?

일본의 마케팅 PR 회사 LIDDELL가 비리얼 사용 경험이 있는 인플루언서 100명을 대상으로 진행한 설문조사 결과, "다른 SNS와 비교해 필터링이나 가공이 불가능하기 때문에 현실적이다"라는 응답이 41%로 가장 많았고, 이어서 "알림이 뜬 후 2분 이내에 업로드해야 하기 때문에 꾸밈없는 일상감을 준다"라는 응답이 37%를 기록했다. 비리얼의 리얼함, 진정성, 즉흥성이 일본의 MZ세대들에게 가장 큰 인기 요인으로 적용하고 있다는 것을 알 수 있다.

일본의 MZ세대는 자연스럽고 솔직한 자기표현을 선호하는 경향이 있다. 기존의 이미지 중심 SNS에 게시물을 올릴 때에는 잘 나온 사진들을 고르고, 꾸미고, 편집하기 때문에 그 과정에 있어 많은 시간이 소요되고 금방 피로해지기 일쑤다. 나의 일상을 함께 '공유'하는 행위라기보다 일상 속 가장 좋았던 순간 혹은 나의 가장 완벽

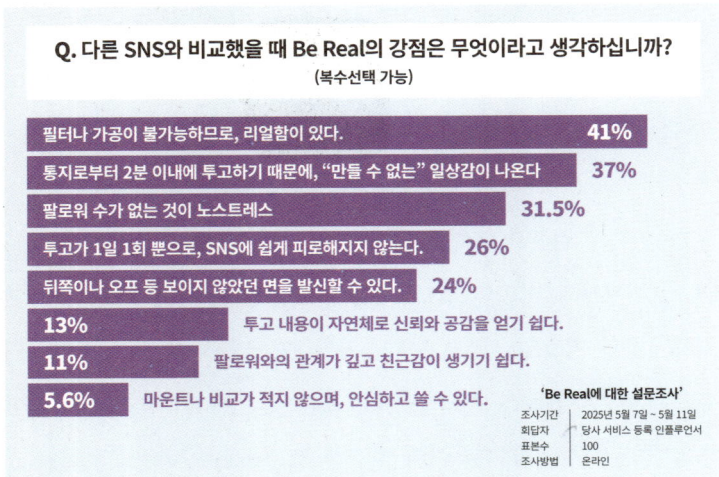

**Q. 다른 SNS와 비교했을 때 Be Real의 강점은 무엇이라고 생각하십니까?**
(복수선택 가능)

| | |
|---|---|
| 필터나 가공이 불가능하므로, 리얼함이 있다. | 41% |
| 통지로부터 2분 이내에 투고하기 때문에, "만들 수 없는" 일상감이 나온다 | 37% |
| 팔로워 수가 없는 것이 노스트레스 | 31.5% |
| 투고가 1일 1회 뿐으로, SNS에 쉽게 피로해지지 않는다. | 26% |
| 뒤쪽이나 오프 등 보이지 않았던 면을 발신할 수 있다. | 24% |
| 13% | 투고 내용이 자연체로 신뢰와 공감을 얻기 쉽다. |
| 11% | 팔로워와의 관계가 깊고 친근감이 생기기 쉽다. |
| 5.6% | 마운트나 비교가 적지 않으며, 안심하고 쓸 수 있다. |

**'Be Real에 대한 설문조사'**

| | |
|---|---|
| 조사기간 | 2025년 5월 7일 ~ 5월 11일 |
| 회답자 | 당사 서비스 등록 인플루언서 |
| 표본수 | 100 |
| 조사방법 | 온라인 |

**Be Real에 관한 앙케이트 한글 번역 ⓒ LIDDELL**

한 모습만을 선별해 '전시'하는 것에 가깝다. 그러나 비리얼은 필터나 보정 없이 정해진 2분 안에 빠르게 전면과 후면 사진을 찍어야 하기 때문에, 일부러 연출하지 않아도 된다는 점에서 심리적 부담이 적고 더 편안하게 느껴진다. 예쁘게 보여야 한다는 강박에서 벗어나 꾸밈없는 일상을 공유할 수 있다는 것이 비리얼의 가장 큰 강점으로 꼽힌 것이다.

"팔로워 수가 없기 때문에 스트레스받지 않는다"는 응답도 31.5%로 높게 나타났다. SNS 상에서 팔로워 수는 곧 인기의 척도이자 친구가 얼마나 많은지를 보여주는 가시적인 숫자이기 때문에 신경이 쓰일 수밖에 없다. 비리얼은 팔로워 수를 아예 숨겨 타인과의 비교나 인기 경쟁을 무의미하게 만든다. 팔로워가 표시되지 않는 것이 비리얼의 강점으로 꼽힌 이유는 사적인 소규모 네트워크를 지향하는 일본 MZ세대의 대인관계 문화와도 연결 지어볼 수 있다. 비리얼은 친구 수가 많지 않아도 정말 가까운 사람끼리 일상을 공유하는 SNS이기 때문에, 많은 사람들이 나를 보고 있다는 부담감에서 벗어나 조금 더 솔직한 나를 드러내도 되는 공간이다. 팔로워 수를 숨김으로써 비교·경쟁으로 인한 스트레스에서 벗어나고, 진정한 인간관계와 자기 자신에 집중할 수 있게 해준다는 점이 일본의 MZ세대에게 큰 매력 요소로 다가간 것이다.

"1일 1회만 업로드할 수 있기 때문에 SNS에 쉽게 피로해지지 않는다"라는 응답이 26%로 그 뒤를 이었다. 최근 일본 MZ세대 사이에서는 SNS 상에서 불필요한 정보나 과도한 연출을 피하고 정말 필요한 소통만 하는 것을 지향하는 '디지털 미니멀리즘' 플로우가 돌고 있다. 하루에 한 번, 소규모 네트워크 안에서 '2분 안에 사진 찍어서 올리기'라는 즉흥적인 게임 성격의 콘텐츠 공유 방식은 피로감을 최소화해준다. 하루에 한 번 사진을 올리는 것은 타인과 적당한 거리를 두면서 친밀함을 유지하는 것을 선호하는 일본의 대인관계 문화와도 연결 지을 수 있다.

의미 있는 연결, 자발적인 순간, 진정한 실생활. 이 세 가지 키워드를 모두 갖추고 있는 비리얼의 모바일 앱 설명란에는 '인플루언서가 되고 싶다면 틱톡이나 인스타그램으로 가라'는 경고문이 쓰여있다. 남의 시선을 의식하지 않고 진짜 내 일상을 공유하고 싶다면 비리얼의 세계를 한 번 체험해 봐도 좋을 것 같다.

# デコ文化

# 데코 문화

**'귀여움' 그 이상,
일본 MZ가 말하는 데코의 진짜 의미**

2000년대 초 일본에서는 휴대폰에 스와로브스키와 스티커를 빽빽하게 붙이는 '데코덴(デコ電)'이 유행했다. 그 시절의 '꾸미기'가 단순한 장식이었다면, 2026년의 '데코(デコ)'는 완전히 다른 의미를 가진다. 지금의 일본 MZ세대에게 데코는 자신의 취향·감정·정체성을 시각적으로 드러내는 언어이며, '소유한 물건'이 아니라 '나 자신'을 꾸미는 감정 표현의 수단이다.

스마트폰, 디지털카메라, 손풍기, 파우치, 포카(포토카드) 홀더까지, 거의 모든 소지품이 '데코루(デコる, 데코하다)'의 대상이 된다. TikTok과 X(트위터)에는 '#폰데코', '#포카데코', '#디카데코' 등의 해시태그가 넘쳐난다. 소비자들은 제품을 구매한 뒤 직접 손대어 자신만의 흔적을 남기며, 꾸미는 과정 자체를 콘텐츠로 공유한다. 즉, 소비의 완성은 '사용'이 아니라 오리지널리티를 부여하는 커스

DIY형 오시카츠
ⓒ PR TIMES

터마이징에 있다.

　MZ세대에게 데코는 단순한 꾸미기를 넘어, 자신을 표현하는 창조적 행위이다. 이들에게 물건의 가치는 '소유'보다 '만드는 경험'과 '그 안의 이야기'에 있다. 특히 "누군가에게 보이기 위해서가 아니라, 내가 납득하기 위해 꾸민다"는 인식이 강해 데코는 자기 만족형 소비이자 감정 안정의 루틴으로 작동한다.

　이 흐름의 중심에는 '오시카츠(推し活, 덕질)'의 심화가 있다. 아티스트의 포카나 응원 도구를 데코하는 것은 덕심과 열정을 시각적으로 표현하는 핵심 수단이 된다. 재료는 다이소나 세리아 같은 잡화점에서 손쉽게 구할 수 있어, 저비용으로 높은 만족을 준다. 이는 MZ세대가 추구하는 '가성비'와 '가심비'를 모두 충족시키며, 즉각적인 SNS 콘텐츠를 생산하는 DIY형 오시카츠로 확산된다.

봉봉드롭 ⓒ 라쿠텐

　최근 급부상한 '봉봉드롭(Bonbon Drop)'은 젤리처럼 말랑한 3D 입체 스티커로, 포카 홀더·폰케이스·디카·미러 등 다양한 '○○데코' 아이템에 활용된다. 투명한 광택과 입체감이 숏폼 영상에서 강한 시각적 임팩트를 주며, UGC 확산의 핵심 요소가 되었다. MZ세대는 스티커의 색감과 소재, 배치를 조합해 '오늘의 기분'이나 '오시'를 표현한다. 이 손끝의 작업은 꾸밈을 넘어 '나의 세계를 구축하는 창작 행위'로 인식된다. 레진 아트, 휘핑 데코 등 DIY 기술이 결합되며, 비워진 여백을 '나'로 채우는 창작의 즐거움이 확산되고 있다.

　이제 데코의 영역은 팬 굿즈나 포카홀더 같은 한정된 영역을 넘어, 일상용품 전반으로 확산되었다. 레트로 붐과 함께 부활한 디카 본체에 스티커나 키링을 부착하고, 신발 끈을 리본·체인으로 바꾸는 스니커즈 데코도 인기를 끈다. 핸디팬이나 포카홀더를 비롯한 다양한 소지품들은 이제 단순한 실용품을 넘어 '나만의 미니 갤

러리'이자 '패션 액세서리'로 기능하고 있다.

'메지루시(目印)'는 원래 우산 손잡이에 다는 식별표시였지만, 지금의 MZ세대는 가방·이어폰 케이스·카메라 스트랩 등 거의 모든 소지품에 메지루시를 단다. 출발점은 분실 방지였지만, 이제는 오시 컬러나 캐릭터를 담아 '나를 표현하는 액세서리'로 자리 잡았다. 이 작은 장식 하나에 '오시를 향한 애정'과 '나만의 취향'이 함께 담기며, 실용성과 감정이 공존하는 구미기 문화로 발전했다. 키링이나 참(Charm)은 이제 '소지품에 어정을 더하는 장식'으로 진화했고, 여러 개를 겹쳐 달아 풍성하게 '채우는 꾸밈'이 유행하며 소지품 자체가 작은 전시장이 되고 있다.

데코 문화가 다시 주목받는 이유는 단순히 '귀여움'의 욕망에 있는 것이 아니다. 디지털 환경 속 MZ세대는 손으로 붙이고 만드는 '촉각적 창작'에서 심리적 안정과 성취감을 얻는다. 손의 감각이 감정을 완성시키고, 그 감정이 SNS에 전시되며 '보여지는 자아'를 만든다. MZ세대는 이 과정을 통해 단순한 DIY를 넘어 '취향을 증명하는 퍼포먼스'를 수행한다. 붙이는 행위가 일종의 '자기 연출 (Self-curation)'이 되는 것이다.

결국 데코 문화는 MZ세대의 자기만족형 소비와 창조적 표현 욕구가 결합된 결과다. 그들은 기성품에 손을 대며 '나만의 스토리'를 부여하고 오시카츠와 개인화된 감정 소비의 교차점 위에서 자신만의 세계를 만든다. 손에 쥔 물건 하나, 붙인 스티커 하나까지도 자기 세계의 일부로 재해석되어, 일상의 모든 사물이 '나'를 표현하는

매개체가 된다. 동시에 MZ세대에게 중요한 것은 '특별함'보다 '같음 속의 개성'을 드러내는 일이다. 그들은 교과서나 스쿨백처럼 모두가 같은 물건을 쓰는 상황에서도 스티커나 데코펜으로 작은 차이를 더하며 즐거움을 느낀다.

2026년의 일본은 '꾸밈이 곧 언어가 되는 시대'다. 데코는 단순한 장식이 아니라, MZ세대가 자신을 이야기하고 감정을 기록하는 새로운 문법이 된다.

# 오픈형 이어폰

음악 감상이나 통화 등 일상 속에서 이어폰은 이제 누구에게나 익숙한 아이템이다. 그런데 요즘 일본에서는 조금 다른 이어폰이 주목받고 있다. 바로 귀를 완전히 막지 않고 사용하는 '오픈형 이어폰'이다.

귓구멍을 막지 않은 채로 착용하는 이 이어폰은, 음악이나 통화 소리와 동시에 주변의 환경음도 함께 들을 수 있다는 점이 특징이다. 회사 동료의 목소리를 들으며 온라인 미팅을 하거나, 자전거를 타면서도 자동차 소리를 인식할 수 있는 등 '열려 있는 청취 경험'을 제공하는 것이다. 도쿄 유라쿠초에 있는 가전양판점 '빅카메라'의 한 오디오 담당자는 "약 3년 사이 오픈형 이어폰의 종류가 4~5배로 늘었고, 지금은 40종 이상을 전시 중"이라고 말한다.

이 급성장은 단순한 유행이 아니다. 2026년 4월부터 시행될 일

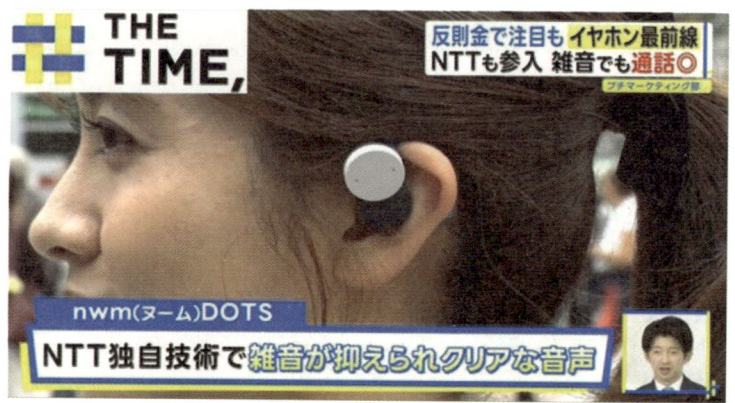

NTT sonority의 'nwm DOTS' ⓒ TBS NEWS DIG

본의 새로운 자전거 법규가 배경에 있다. 일본 경찰청의 '자전거 룰 북'에 따르면, 자전거를 타며 이어폰을 사용하는 것은 벌금 5,000 엔의 대상이 된다. 단, 귀를 완전히 막지 않아 외부 소리를 들을 수 있는 구조라면 예외로 인정된다. "내년부터는 벌금이래요."라고 인터뷰하는 한 고등학생의 말처럼, 이 규제 변화가 젊은 세대의 구매 심리를 자극하고 있다. '귀를 막지 않는' 이어폰이 합법적이면서도 트렌디한 선택이 된 셈이다.

다만 이러한 오픈형 이어폰이 처음부터 완벽했던 것은 아니다. 예전 오픈형 이어폰의 가장 큰 단점은 '소리 누출'이었다. 하지만 최근엔 기술이 그 약점을 거의 지워냈다. 빅카메라 유라쿠초점에서 추천하는 SHOKZ의 'OpenDots ONE'은 귀 옆 홈에 스피커가 닿는 구조로, 장시간 착용에도 부담이 없다. 특히 '역위상 음파(逆位相音波)' 기술로 새어 나가는 소리를 상쇄한다. 실제 테스트 결과,

SUUNTO의 'SONIC' © TBS NEWS DIG

약 10cm 거리까지 다가가야 미세한 소리가 들릴 정도로 정교하다.

통화 성능을 중시한다면 NTT sonority의 'nwm DOTS'이 대표적이다. 귀 뒤에 걸치는 구조로 가볍고 안정적이며, NTT의 자체 기술로 주변 소음을 억제해 상대방에게 또렷한 음성을 전달한다. 시부야의 복잡한 거리에서도 통화가 끊기지 않는 성능 덕분에, 리모트워크나 화상회의용으로 특히 인기가 높다.

오픈형 이어폰 열풍은 직장인뿐 아니라 스포츠 애호가, 어린이까지 확산되고 있다. 핀란드 브랜드 SUUNTO의 'SONIC'은 골전도 방식의 스포츠형 모델로, 땀과 비에 강한 방수 기능을 갖췄다. 달리거나 자전거를 탈 때도 주변의 위험 소리를 들을 수 있어 안전성까지 챙겼다. 또 어린이용 모델 CHEERO의 'CHE-645'은 귀를 막지 않아 위생적이며, 귀가 작은 아이들도 편하게 착용할 수 있는 점이 특징이다. 부모들이 '아이 귀 건강에드 좋다'며 호평하는 이유다.

　오픈형 이어폰의 인기는 단순히 '새로운 이어폰의 등장'이 아니다. 리모트워크, 자전거 안전 규제, 기술 혁신이 맞물리며 일본에서는 지금 '귀를 열어 둔 채로 듣는' 청취의 시대가 열리고 있다. 이어폰은 단순히 귀에 꽂는 기기가 아닌, 일상과 안전, 그리고 감각적 자유를 연결하는 새로운 라이프스타일 아이템으로 진화하고 있는 것이다.

2026日本で流行っているもの

# 왜 사고
# 어떻게 소비하는가

2026日本で流行っているもの

パケ買い

# 파케가이

**'예쁜 건 사야 해!',**
**일본의 파케가이**

　'파케가이(パケ買い, 패키지를 보고 구매하는 행위)'는 일본에서 새삼스러운 개념이 아니다. 예쁜 패키지나 한정판 디자인에 이끌려 구매하는 행위는 오랫동안 생활 속에 존재해왔다. 그러나 2026년, 이 익숙한 소비 습관이 새로운 세대의 감정 언어로 재부상하며 '전략적 감성 소비'의 성격을 띤 파케가이 2.0으로 진화하고 있다. 특히 뷰티 시장에서 "예쁜 디자인이 곧 제품의 기능"으로 받아들여지며, '감정형 소비'를 상징하는 키워드로 자리잡았다.

　장기간 이어진 물가 상승과 경기 불안정 속에서 일본 소비자의 심리는 이중화되고 있다. 소비자들은 절약을 일상화하면서, 자신이 만족을 느끼는 영역에는 과감히 지갑을 연다. 이른바 '와타시 주역 소비(私主役消費, 나 중심 소비)'다. 파케가이는 이러한 심리에 완벽히 부합한다. 고가의 사치품 대신 합리적인 가격대의 코스

**패키지가 예쁜 것에 집중하는
일본 MZ들**
© PAUL & JOE 홈페이지

메틱이나 디저트에서 심리적 만족을 얻는 '미니멀 럭셔리(Minimal Luxury)'의 대표적 형태로 작동한다.

　과거의 파케가이가 "귀여워서 샀다"라는 즉흥적 소비였다면, 지금의 파케가이는 '나를 표현하기 위한 시각적 언어'로 자리 잡고 있다. 패키지를 고른다는 것은 단순히 예쁜 물건을 선택하는 일이 아니라, '어떤 이미지를 나로서 보여줄 것인가'를 결정하는 행위가 되었다. 즉, 패키지는 '기능적 포장'에서 '정체성의 상징'으로 변모했다.

　파케가이가 강력한 트렌드로 자리 잡은 배경에는 SNS 환경과 MZ세대의 새로운 가치관이 복합적으로 작용한다. MZ세대에게 상품은 '나의 취향과 정체성을 표현하는 도구'이다. 인스타그램이나 틱톡과 같은 시각 중심의 플랫폼에서 패키지 디자인은 곧 자신의 라이프스타일과 가치관을 외부에 표출하는 '미디어' 역할을 한다. 이러한 시각적 정체성 표현의 요구는 파케가이의 영역을 '단순한 미적 요소'에서 '가치와 윤리를 담은 디자인'으로 확장시켰다.

화려한 디자인뿐 아니라 친환경 소재나 미니멀리즘 디자인 역시 브랜드의 윤리 의식을 상징하며, 소비자에게 '시각적 신뢰'를 부여한다. 이 과정에서 구매는 단순한 선택이 아니라 '신념의 표출'로 확장된다.

MZ세대는 '구매―개봉―공유' 전 과정을 하나의 경험으로 인식한다. 파케가이 상품은 이러한 경험적 가치를 극대화한다. 특징적인 포장 방식, 질감, 개봉 순간의 즐거움이 자연스럽게 UGC(사용자 생성 콘텐츠)를 유도하며 브랜드 확산의 주요 동력이 된다. 즉, 패키지는 '시각적 즐거움'이자 '참여형 콘텐츠'의 무대.

뷰티 산업에서 파케가이는 가장 뚜렷하고 강렬하게 나타나고 일본 특유의 '오시카츠(推し活, 덕질 소비)' 문화와도 관련이 있다. 화장품 패키지는 단순한 용기가 아니라, '장식품·굿즈'로 인식된다. 한정판이나 복각 디자인(예: KANEBO 밀라노 컬렉션)은 '사용'보다 '수집과 전시'의 욕구를 자극하며 패키지를 '영구 보존가능한 기념품'으로 승격시킨다. 화장품은 더 이상 '사용의 대상'이 아니라 '보여지는 존재'가 된 것이다.

CANMAKE, CEZANNE 같은 일본 브랜드는 물론, rom&nd·dasique·fwee 등 K-뷰티 브랜드 역시 제품의 기능보다 비주얼 완성도로 감정을 자극하며 일본 MZ세대의 '기분 소비(気分消費)'

를 이끌고 있다. SNS에서는 "가지고 있는 것만으로 기분이 좋아지는 화장품(持ってるだけで気分が上がるコスメ)"이라는 표현이 반복된다. 파우치를 열어 보여주는 오픈샷, 화장대에 나란히 놓인 케이스들은 비주얼 자서전이 되어 소유 자체가 자기표현의 행위가 된다.

파케가이는 더 이상 단순한 겉모습 소비가 아니다. '예쁘다'라는 말 한마디가 구매의 이유가 되고, 그 이유가 다시 SNS에서 또 다른 구매를 낳는 시대가 일본에서 열린 것이다.

2026년 일본의 파케가이는 경제적 현실 속에서도 감성과 자기표현을 조화시키려는 전략적 소비 문화로 자리 잡았다. 패키지는 단순한 보호재가 아니라, 브랜드의 세계관과 윤리를 가장 먼저 전달하는 커뮤니케이션 채널이 된다.

'기능으로 설명할 수 없는 예쁨'이 강력한 설득력이 된 시대이다. 그 예쁨 속에는 합리보다 감정, 설명보다 '나'를 증명하고 싶은 마음이 담겨 있다. 지금의 일본은, 예쁜 패키지를 고르는 순간이 곧 자신을 선택하는 행위가 된 시대를 살아가고 있다. '예뻐서 샀다'라는 단순한 감상이 아니라, 지금 세대가 가장 솔직하게 말할 수 있는 소비의 이유다.

# 마네파

**'가성비의 시대'에서
'감성비의 시대'로**

2026년 일본 소비 트렌드를 이야기할 때 빼놓을 수 없는 키워드가 바로 '마네파(マネパ, Money Performance)'다. '타이파(Time Performance, 시간 대비 효율)'와 '코스파(Cost Performance, 비용 대비 효율)'의 뒤를 잇는 개념으로, 단순히 '싸고 효율적인 소비'를 넘어 '돈을 쓴 만큼 내가 얼마나 만족했는가'를 평가하는 새로운 기준이 MZ세대 사이에서 확산되고 있다. MZ세대는 이제 지불한 금액 대비 얼마나 높은 체험 가치, 자기성장, 혹은 미래의 리턴을 얻을 수 있는가를 계산하는 주체적인 소비 철학을 내세운다. 그들은 물가상승과 금융환경의 불확실성 속에서도 자신의 가치관에 따라 소비를 극도로 '효율화'하고 있다.

코스파가 "투자한 돈 대비 얻은 결과"를 따지는 합리의 언어였다면, 마네파는 "돈을 얼마나 현명하게, 그리고 나 답게 사용했는

츠타야 서점에서 책을 고르고 있는 남성 ⓒ 츠타야서점 홈페이지

가"를 평가하는 감성의 언어다. 이 개념은 스마트폰과 핀테크 기술의 확산 속에서 돈의 쓰임새와 관리 효율을 높이는 사고방식으로 등장했다. 단순히 절약이나 가성비가 아닌, 자신에게 필요한 것에 가장 적합하고 효율적인 방식으로 돈을 쓰는 능력을 의미한다.

예컨대 현금이나 카드가 없어도 BNPL(Buy Now, Pay Later), 즉 후불 결제 서비스를 통해 타이밍을 놓치지 않고 구매하거나, 은행·카드 명세를 자동으로 연동해 가계흐름을 관리하는 행위도 모두 '마네파가 좋다'고 표현된다. 즉, 마네파란 '자신의 라이프스타일에 맞춰 돈을 움직이는 능력'이다.

MZ세대의 마네파 전략은 소비를 '가치 투자'와 '비용 절감' 두 영역으로 명확히 이분화하는 선택과 집중에 기반한다. 그들은 타인의 시선보다 자신에게 즐겁고 의미 있는 소비라면 과감하게 지갑을 연다. 여행, 덕질, 공부, 고가 가전제품 등 '기억, 추억, 지식'으로 남는 경험이 대표적이다. 이는 '경험과 배움은 미래에 더 큰 자산이 된다'라는 인식 아래, 젊은 시절의 감성과 가능성에 투자하는 적극적 소비 태도로 해석된다.

반면, 일상적인 지출이나 반복적인 소비에서는 극도의 효율성을 추구한다. '좋아하는 데엔 아낌없이, 그 외에는 절약한다'라는 '메리하리(メリハリ, 강약 있는 소비)'가 두드러진다. 물가 상승으로 정가 구매를 망설이지만, 세일이나 캠페인 등 '가치 있는 투자'의 기회가 생기면 즉각적으로 결정을 내린다.

MZ세대는 돈이 묶여 있거나 기회를 놓치는 비효율을 가장 경계한다. 이들의 마네파 실현을 가능하게 하는 대표적인 수단이 바로 앞서 언급한 BNPL 서비스다. 그들은 이를 단순히 '나중에 갚는 빚'이 아닌, '지불의 자유도를 높이는 금융 도구'로 인식한다. 수수료 없는 분할 결제를 활용해 고액 지출을 여러 달로 분산함으로써, 월별 현금 흐름을 안정적으로 관리하고 가계 부담을 평준화한다.

BNPL의 가치는 '지금밖에 할 수 없는 경험'을 포기하지 않게 해주는 점에 있다. 당장 자금이 부족하더라도, 수수료 없는 할부를 통해 미래의 꿈이나 목표와 연결되는 소비, 예컨대 '창업을 위한 노트북 구매', '시야를 넓히는 해외여행' 등을 가능하게 한다. 이는 경험 부족으로 인한 기회의 손실을 방지하는, 일종의 '전략적 리스크 헷지(Risk Hedge) 소비'라 할 수 있다.

또 하나 주목할 점은, 이 단어가 최근 들어 단순한 경제 효율의

영역을 넘어 감정적 만족과 자아 효율의 언어로 확장되고 있다는 것이다. MZ세대 사이에서 "마네파가 좋다(マネパが良い)"는 말은 이제 '돈을 아꼈다'라는 의미가 아니라, "후회 없는 지출이었다.", "납득가능한 소비였다."를 의미한다. 더 이상 '돈을 아꼈다'라는 뜻이 아니다. "후회 없는 지출이었다", "기분 좋게 썼다"라는 감정의 척도로 쓰인다. 그들에게 돈은 단순한 수단이 아니라 '기분을 조율하는 도구'이다. 결국 '마네파가 좋은 소비'란, 가격이 아니라 지출의 만족도와 감정의 리턴율로 평가되는 것이다.

결국 마네파는 2026년 일본 소비 트렌드를 대표하는 키워드로, '가성비의 시대'에서 '감성비의 시대'로의 전환을 상징한다. 돈을 아끼는 것이 아니라 자신에게 가장 현명한 방식으로 쓰는 것, 그것이 MZ세대가 말하는 '마네파가 좋은 삶'이다. 이처럼 마네파를 중심으로 하는 이러한 소비 양극화와 금융 툴의 전략적 활용은, 앞으로도 개인의 가치관과 성장을 극대화하는 방향으로 진화하며 2026년 이후의 소비트렌드를 주도할 것이다.

경제의 장기 침체와 인플레이션이라는 현실 속에서도, 이 흐름은 '절약'이 아닌 '심리적 만족으로의 전환'이라는 점에서 의미가 깊다. MZ세대는 단순한 가격 경쟁보다 '나를 얼마나 행복하게 만들었는가'를 소비의 기준으로 삼는다. 그래서 그들의 소비는 숫자가 아니라 감정의 언어로 기록된다. "오늘 하루는 마네파가 좋았어", 이 한 문장은 효율의 시대를 넘어, 감정의 효율을 중시하는 새로운 감성 경제의 시작을 알린다.

# 無料自動販売機

# 무료 자판기

경험이 곧 구매,
'무료 자판기'

최근 일본에서는 '무료 자판기'를 활용한 새로운 마케팅 방식이 큰 관심을 받고 있다. 주로 새로운 제품을 출시하는 기업들의 샘플을 체험할 수 있게 하는 마케팅 방식이다. 쇼핑센터, 관광지, 역 주변 등 곳곳에 설치되고 있고, 자연스럽고 편리하게 다양한 샘플 상품을 체험할 수 있도록 만든 것이 특징이다.

도쿄의 대표적인 관광명소인 스카이트리와 가까운 쇼핑몰 '비나워크'에는 이미 여러 대의 무료 샘플 자판기가 설치되어 있어 방문객들이 스마트폰으로 QR코드를 스캔하고 간단한 설문만으로 화장품, 마스크팩, 헤어제품 등 다양한 샘플을 손쉽게 받아갈 수 있다. 예를 들어, 인기 화장품 브랜드 '아퓨'의 크림과 '팜스테이 릴'의 에센셜 마스크 등이 포함된 샘플이 제공되는데, 무료 자판기를 통해 이를 체험한 한 행인은 "점원이 지켜보는 곳에서는 구매에 대한 부담도 있겠지만, 아무도 보지 않는 은밀하고 쉬운 방법으로 받을 수 있어서 너무 좋다"라고 소감을 말한다.

도쿄의 대표적인 잡화점인 '시부야 로프트'에는 이미 여러 대의 무료 샘플 자판기가 설치되어 있다. 이곳에서는 매주 선정된 4종류의 화장품 샘플을 간단한 설문과 QR코드 스캔만으로 무료로 받아볼 수 있다. 관광객이나 쇼핑객 모두 인기가 높아, 샘플이 소진될 때까지 여러 차례 재방문하는 경우도 많아졌다. 이처럼 샘플 무료 자판기는 고객의 체험과 브랜드 인지도 상승은 물론, 자연스럽게 매장 방문 수와 체류 시간까지 늘리고 있다.

무료 자판기는 일본 전역에서 급증하는 추세다. 2024년 기준 전국 80대 정도였던 것이 2025년 10월 기준 300대를 넘었고, 규슈에서 2025년 7월에 시작된 여성용 면도기 무료 자판기도 전국으로 확산 중이다. 일본 기업들은 이 시스템을 통해 수익을 기대하기보다는, 장소를 적극 활용해 고객 경험을 높이고, 자연스럽게 브랜드 인지도를 높이기 위한 전략적 수단으로 활용하고 있다. 샘플 제공이 끝나면 데이터 분석으로 어떤 연령대와 성별이 어떤 제품을 선호하는지 파악해, 향후 마케팅 전략에도 적극 반영할 수 있다.

이 자판기 시스템의 가장 큰 강점은 '설치 비용이 들지 않는다'라는 것이다. 실제로 설계 및 운영을 담당하는 업체인 '아도인테'는 이 시스템의 설치 비용을 모두 부담하는데, 이는 장소를 제공하는 시설 측에서는 비용 없이 공간을 활용해 고객 유입을 늘릴 수 있고, 업체들은 샘플을 통해 제품을 자연스럽게 노출시켜 소비자와

의 접점을 늘리기 위해서다. 이렇게 운영하는 방식은 '무료 제공 →
데이터수집 → 추후 마케팅 확대'라는 선순환 구조를 만들어내며,
일본 내에서 선도적인 트렌드로 자리잡고 있다.

'무료 자판기'는 단순한 샘플 배포를 넘어, 고객 경험 혁신과 브
랜드 인지도를 동시에 높일 수 있는 최적의 수단으로 떠오르고 있
다. 소비자의 체험을 즐겁게 하고, 기업의 프로모션도 효율적으로
이끄는 새로운 방식으로 자리 잡아가고 있다. 앞으로도 그 확산 속
도는 더욱 빨라질 것으로 예상되며, 한국에도 올리브영 등에서 일
부 도입하고 있다. 일본에서 시작된 이 신기술이 우리나라를 비롯
해 글로벌 마케팅 트렌드에 영향을 미치고 있다. 사람들이 자연스
럽고 부담 없이 제품을 체험하는 방식을 통해, 오프라인 경험의 새
로운 장이 열리고 있는 셈이다.

# 유기농 라이프

도쿄 번화가의 한 서점, 건강 코너에는 형형색색의 책들이 꽂혀 있다. '1일 1샐러드 레시피', '마이너스 칼로리 식단의 비밀', '내 몸에 맞는 유기농 주스 만들기' 등 제목만 봐도 건강에 대한 열망이 느껴지는 책들이다. 일본에서 건강지향(健康志向) 소비 성향이 자리잡고 있음을 보여주는 모습이다.

2020년 전 세계를 휩쓴 코로나19 팬데믹은 일본 사회에도 건강지향 소비성향을 고조시켰다. 감염에 대한 공포, 활동량 감소로 인한 체중 증가, 스트레스 등으로 인해 사람들은 면역력 강화, 체중관리, 정신 건강 등 다양한 측면에서 건강을 챙기기 시작했다. 이러한 '건강지향 소비'의 최전선에 '유기농'이 자리 잡았다.

일본 시장조사기관 IOB Journal의 2023년 발표에 따르면, 일본의 유기농 식품 및 음료 시장은 2024년 19억 6천만 달러 규모에서

THREE

ESSENTIAL SCENTS HAND & BODY
Hand and body care born from the science of essential oils

2025.10.15[WED] 全国発売

2025.10.8 (WED) 先行発売   WEB・期間5日程度 先行

**유기농 화장품 브랜드 THREE ⓒ THREE 홈페이지**

연평균 12.20% 성장하여 2033년에는 82억 6천만 달러에 이를 것으로 전망된다. 아시아 태평양 지역에서 가장 유망한 시장 중 하나인 일본 유기농 시장은 지금, 새로운 기회를 맞이하고 있다.

일본 시장 곳곳에서 유기농을 찾는 사례 또한 볼 수 있다. BiOcafe (ビオカフェ) "몸에 좋은 것이 맛도 좋다"는 슬로건 아래, 유기농 재료만을 사용하는 레스토랑 체인 BiOcafe는 샐러드, 파스타, 디저트 등 다양한 메뉴를 선보이며 인기를 얻고 있다. 특히, 런치 세트는 여성 고객들에게 폭발적인 반응을 얻으며, 평일 점심시간에는 긴 줄이 늘어설 정도다. BiOcafe는 단순히 유기농 식품을 제공하는 것을 넘어, 건강한 라이프스타일을 제안하는 공간으로 자리매김하고 있다.

"피부에도 지구에도 건강하게"라는 철학을 바탕으로 유기농 및 천연 성분으로 만든 화장품을 판매하는 셀렉트 숍 Cosme Kitchen은 젊은 여성들 사이에서 '필수 코스'로 여겨진다. Cosme Kitchen은 유기농 화장품뿐만 아니라 유기농 식품, 생활용품 등 다양한 제품을 선보이며, 건강과 아름다움을 동시에 추구하는 소비자들의 니즈를 충족시키고 있다. 2024년 기준, Cosme Kitchen 은 일본 전국에 150개 이상의 매장을 운영하며 꾸준한 성장세를 이어가고 있다.

유기농 및 저농약 채소, 무첨가 식품 등을 정기적으로 배달해주는 서비스 Radish Boya 또한 1988년 설립 이후 꾸준히 성장해왔다. 특히, 코로나19 팬데믹 이후 집에서 식사하는 횟수가 늘면서 Radish Boya의 가입자 수는 급증했다. Radish Boya는 신선하고 안전한 먹거리를 집까지 배달해주는 편리함과 더불어, 유기농 농가를 지원하고 지속 가능한 농업을 실천하는 기업 이미지를 통해 소비자들의 신뢰를 얻고 있다. 2023년 기준, Radish Boya의 회원수는 30만 명을 넘어섰다.

유기농 화장품 브랜드 'THREE'는 일본의 젊은 여성들 사이에 '키레이(예쁘다)'라는 말이 외모를 뜻하는 말을 넘어, 건강하고 아름다운 삶 전체를 의미하는 트렌드를 반영해 '피부 본연의 힘을 되살리는 유기농 원료'를 강조하며 큰 인기를 얻고 있다. 최근 일본 젊은 여성들은 인스타그램에서 '#オーガニックライフ(유기농 라이프)' 해시태그를 통해 유기농 식단, 친환경 생활용품 등을 공유하며 서로 소통한다. 이들에게 유기농은 단순히 건강한 식품을 넘어, 아름다움을 위한 투자이자 '힙'한 라이프스타일을 완성하는 요소다.

하지만 일본의 유기농 재배 면적은 전체 농지의 0.5%에 불과하여, 전 세계 유기농 경작지 면적 증가 추세에 비해 매우 낮은 수준이다. 이는 한국(2.4%)보다도 낮은 수치다. 일본 농림수산성의 자료에 따르면, 일본에서 유기농 재배가 확산되지 못하는 데에는 일본 특유의 습한 기후와 잦은 태풍, 영세 농가 구조, 타 국가에서 금지된 농약에 대한 규제 완화 등의 정책적 배경 등이 있다. 이는 일본 유기농 시장의 성장 잠재력을 제한하는 요인일 수 있지만, 어쩌면 한국 기업에게는 기회가 될 수도 있을지도 모른다.

# TikTok Shop

## 보고, 반하고, 바로 산다
## 일본 MZ세대의 쇼핑 공식

저녁에 침대에 누워 무심코 넘긴 짧은 영상 속, 크리에이터가 소개하는 제품에 눈길이 간다. 하단의 구매 링크를 클릭하면 바로 결제 페이지로 연결되고, 영상 속 그 제품이 곧 집으로 도착한다. 일본 MZ세대의 새로운 쇼핑 습관을 상징하는 키워드가 바로 'TikTok Shop'이다.

2025년 6월 30일, 일본 EC 시장에 새로운 거물 'TikTok Shop'이 등장했다. 이는 기존 아마존·라쿠텐 중심의 '검색 기반 쇼핑'에 익숙한 일본 시장에 새로운 소비 패러다임을 제시한 사건이었다. 엔터테인먼트(숏폼 영상 시청)가 곧 쇼핑이 되는 '디스커버리 E-커머스', 즉 '발견형 충동 소비' 시대가 일본 MZ세대를 중심으로 본격 개막한 것이다.

TikTok Shop은 앱 안에서 영상 시청과 상품 구매가 완전히 일

**틱톡샵 관련 일러스트 ⓒ KrASIA**

체화된 구조를 가진다. 말 그대로 "콘텐츠 안에 상점이 있다." 이용자는 더 이상 상품을 '찾지' 않는다. 짧은 영상을 스크롤하다가 우연히 발견하고, 마음이 끌리는 순간 바로 '산다'. 기존처럼 '보고, 검색하고, 다른 EC몰로 이동해 구매하는' 복잡한 경로가 '보고 곧바로 사는' 단 한 번의 행동으로 압축된 셈이다. 시청과 구매의 경계가 사라진 이 구조 안에서 콘텐츠는 곧 상품 페이지가 되고, 감정의 동요는 즉시 결제 행동으로 이어진다. 계획적으로 '검색해 사는' 시대에서 '발견하고 사는' 시대로 전환된 것이다.

이 변화의 중심에는 MZ세대의 소비 인식 변화가 있다. 그들은 브랜드의 광고보다 동세대의 리얼한 체험 후기를 더 신뢰한다. 친구의 추천, 인플루언서의 '생활 속 리뷰', 실제 사용 장면이 담긴 짧은 영상이 구매 결정을 이끈다. 특히 TikTok에서는 "추천해요(オススメ)"라는 한마디가 강력한 구매 트리거로 작용한다. 뷰티·패션·생활잡화에서 시작된 이 트렌드는 이제 식품·가전·생활용품까지 영역을 넓혀가고 있다.

TikTok Shop의 성공은 단순히 '구매 버튼'을 넣었기 때문이 아니다. 핵심은 콘텐츠가 곧 커머스가 되는 신뢰 구조에 있다. Qoo10이나 Amazon이 가격과 리뷰 중심의 합리적 쇼핑을 강점으로 삼았다면, TikTok Shop은 '감정과 공감'이 구매를 유도한다. 크리에이터가 제품을 시연하며 감탄하는 장면을 올리면, 시청자는 즉각 그 감정을 공유하고 구매에 이른다. 이 압도적인 편리성과 MZ세대가 신뢰하는 인플루언서 및 UGC(사용자 생성 콘텐츠)의 확산 구조가 결합하면서 '틱톡 발 히트'라는 새로운 바이럴 메커니즘이 형성된다.

TikTok Shop의 폭발적인 성장은 결코 우연이 아니다. 서비스 가동 후 불과 3개월 만에 30억 엔의 매출을 기록했으며, 업계는 첫해 500억 엔 규모로 성장할 것으로 내다본다. 이 플랫폼은 단순한 유행을 넘어 일본 EC 시장의 새로운 유통 채널로 자리 잡았다.

TikTok Shop은 '취향 기반의 충동 소비'에 초점을 맞춘다. 여기서 히트하는 상품은 공통적으로 영상에서 시연이 가능하고, 트렌드 감도가 높은 제품이다. 현재 플랫폼 전체 매출의 80% 이상을 가전·가젯(23.7%), 미용·코스메틱(22.4%), 어패럴(20.2%) 이 세 카테고리가 주도한다. 특히 가전·가젯의 약진은 흥미로운데, 제품의 성능과 사용감을 숏폼 영상 한 편으로 보여줄 때 소비자의 구매확신이 크게 높아지기 때문이다. 결과적으로 TikTok Shop은 아마존이나 라쿠텐 같은 종합 EC 인프라를 대체하기보다는, '엔터테

인먼트 쇼핑 채널'이라는 틈새를 확립하고 있다.

또한 TikTok Shop의 본질은 단순한 '구매 편의성'보다 '참여와 재미'에 있다. 사용자들은 제품을 사는 데서 그치지 않고, 크리에이터가 제안한 챌린지나 리뷰 밈에 참여하며 '놀듯이 소비'한다. "이거 나도 써봤는데 진짜 좋아요." 같은 댓글이 또 다른 구매를 낳고, 그 후기 영상이 다음 소비자를 끌어들인다. 쇼핑이 커뮤니티 놀이로 변하면서, 구매 행위 자체가 하나의 소셜 엔터테인먼트가 되고 있다.

이 변화가 본격적으로 두드러질 2026년, 일본 MZ세대를 관통하는 소비 키워드는 단연 '발견형 소비'다. 그들은 더 이상 상품을 '찾지' 않는다. 콘텐츠 속에서 우연히 마주치고, 그 순간의 공감을 결제 버튼으로 전환한다.

TikTok Shop은 아마존·라쿠텐을 대체하기보다는 '엔터테인먼트 쇼핑'이라는 독자적인 영역을 구축하며 일본 EC 시장의 새로운 축으로 자리 잡고 있다. 단순한 플랫폼을 넘어 광고, 리뷰, 쇼핑, 커뮤니티의 경계가 사라진 새로운 쇼핑 생태계로, '영상이 곧 상점이 되는' 문화적 패러다임을 만들어내고 있다. 이 변화는 일본 MZ세대의 소비를 '정보 탐색'에서 '콘텐츠 체험'으로 옮겨놓았다. 쇼핑은 이제 탐색이 아니라 발견이며, 그 발견의 무대 한가운데에 TikTok Shop이 있다.

# 현금 없는 사회

2025년, 일본 소비 풍경에서 가장 조용하지만 근본적인 변화는 '현금의 퇴장'이다. 오랫동안 현금 결제 중심 사회로 남아 있던 일본은, MZ세대를 중심으로 빠르게 캐시리스 사회로 전환하고 있다. 2025년 6월까지 캐시리스 결제 비율을 40% 달성을 목표로 했던 일본 정부는 이미 2024년 42.87%를 기록하며 목표를 앞당겨 채웠다. 이제 편의점은 물론 고등학교 문화제에서도 캐시리스 결제가 도입되는 등, 지갑을 두고 스마트폰만 들고 나가는 삶이 일상이 되어가고 있다.

일본이 현금 강국으로 남았던 배경에는 디플레이션 국면에서 형성된 소비 통제 문화와 실물 화폐에 대한 신뢰가 있었다. 그러나 MZ세대에게 현금은 이제 '안전한 수단'이 아니라 '번거롭고 비효율적인 도구'에 가깝다. 2020년대 중반 이후, PayPay, LINE Pay,

캐시리스 결제를 도입하고 있는 일본 고등학교 문화제 ⓒ 아사히신문사(withnews)

Rakuten Pay 등 QR 결제 인프라가 전국적으로 확대되면서 소액 결제의 불편함이 빠르게 해소되었다. 가게 입장에서도 단말기 비용과 회계 처리 부담이 줄며 현금을 고집할 이유가 사라지고 있다. 캐시리스는 기업과 개인의 편의를 넘어, 사회 전체의 비효율을 줄이는 디지털 전환(DX) 전략으로 자리 잡았다.

MZ세대는 스마트폰으로 용돈을 받고, NFC 기반의 모바일 교통카드를 쓰는 등 금융 생활의 출발점 자체가 디지털인 세대다. 과거 일본 사회가 현금을 신뢰했다면, MZ세대가 신뢰하는 것은 앱 화면에 기록된 숫자다. 캐시리스는 이들에게 편리함을 넘어, 작은 가방 하나로 외출하고, 효율을 중시하는 미니멀 라이프 스타일의 상징이 된다.

이 변화가 가장 선명하게 드러나는 곳이 일본 고등학교 문화제(학원제)다. 전통적으로 현금 거래를 기반으로 했던 문화제는 사전 상품권 발행, 거스름돈 준비, 행사 후 밤샘 정산 등 교사와 학생 모두에게 막대한 부담을 주었다. 최근 도쿄와 시즈오카 등 일부 학교에서 QR 결제와 교내 전자화폐를 도입하자 이 문제가 해소되었다. 현금이 오가지 않으니 분실과 실수 위험이 줄고, 결제와 매출 집계가 실시간으로 이루어지며 정산이 자동화된 것이다. 교사 입장에서는 업무 부담을 줄여 교육 활동에 집중할 수 있고, 학생들은 실시간 매출 데이터를 보며 가격 조정이나 이벤트 같은 간단한 경영전략을 직접 시도해볼 수 있는 '산 교육의 장'이 되었다.

이러한 캐시리스의 확산은 '코토소비(コト消費, 경험소비)', '포이카츠(ポイ活, 포인트활동)'라는 일본 특유의 소비 트렌드와 강하게 연결된다. MZ세대는 여행, 라이브, 오시카츠(推し活, 덕질) 같은 경험에 발생하는 고액 지출을 단순한 비용이 아닌, 포인트나 마일리지로 회수 가능한 '전략적 투자'로 간주한다. 좋아하는 아이돌의 투어나 이벤트를 위해 일부러 특정 카드나 페이만 사용하며, 포인트를 항공권이나 숙박비로 돌리는 소비 패턴이 일반화되고 있다. 캐시리스는 경험 중심 소비를 뒷받침하는 인프라이자, 일상의 비용을 관리하는 핵심 도구가 된 것이다.

캐시리스는 MZ세대의 소비 심리도 바꾸었다. 현금을 지불하면 지갑이 가벼워지는 즉각적인 감각 대신, 결제 내역이 자동으로 축적되고 월별 지출 추이가 시각화 된다. 이들은 이를 '통제 가능성'

으로 받아들여 현금의 불투명함보다 앱의 통계를 보며 소비 패턴을 점검하는 것을 선호한다. 친구들과 비용을 나눌 때도 QR 결제를 활용해 애매한 계산이나 눈치를 줄이는 등 관계의 유연성도 높이고 있다.

브랜드 입장에서도 결제는 새로운 경쟁 무대다. 유니클로 등 패션 SPA 브랜드는 앱에 포인트, 결제, 쿠폰, 예약 기능을 통합해 자체 생태계를 구축하고 있다. 이외에도 일부 점포에서는 아예 현금 취급을 중단하고 캐시리스만 받는 사례도 늘고 있다. 이런 시스템 속에서 결제 수단은 단지 돈을 주고받는 기능을 넘어, 브랜드 충성도와 데이터 축적을 동시에 강화하는 장치가 된다.

일본 사회가 오랫동안 현금을 고집했던 심리적 안정감은, 이제 '언제든 확인 가능한 거래 내역'과 '오류 시 신속한 환불'이라는 디지털 안심 조건으로 대체되었다.

오늘날 일본의 캐시리스 전환은 효율과 세대별 가치관이 맞물린 결과다. 주요 결제 사업자들은 미래의 핵심 고객인 MZ세대를 선점하기 위해 경쟁을 펼치고 있고, 일본 정부는 캐시리스 비율 상향을 목표로 세제와 제도 정비를 서두르고 있다. 디지털 보안과 고령층의 디지털 격차 해소라는 과제가 남아있으나, 효율과 포인트를 함께 계산하는 MZ세대의 소비 습관은 이미 일본의 금융 문화를 근본적으로 재구성하고 있다. 현금이 당연했던 나라에서, 이제는 스마트폰 하나가 일상의 기본 지갑이 되는 사회로, 조용하지만 거대한 이 변화가 앞으로의 일본 소비를 이끌 핵심 축이 되고 있다.

# 무엇을 즐기고,
# 무엇에 빠지는가

2026日本で流行っているもの

# 세주가오

투명하고 담백하게,
지금 일본의 미는 '세주가오'

일본의 젊은 세대 사이에서 하나의 새로운 '얼굴상'이 빠르게 확산되고 있다. 바로 '세주가오(Seju顔)'. SNS에서는 "요즘 일본 MZ가 선망하는 얼굴 분위기"라 불리며 주목받고 있으며, 실제 SHIBUYA109 lab.의 2024년 조사에서도 세주가오는 10대 후반 ~20대 초반 여성들이 꼽은 이상적인 이미지 1위로 뽑혔다.

'세주가오'라는 이름은 연예기획사 seju에서 비롯됐다. 대표적인 인물로는 일본 인기 인플루언서 '나가하마 히나(長浜広奈)'가 있다. 한국에서도 'SM상', '하이브상'처럼 특정 기획사의 아티스트가 대표하는 얼굴 이미지가 하나의 '취향 코드'로 소비되는 것처럼 해당 소속사 모델들과 인플루언서들이 공통적으로 지닌 이미지 맑고 투명한 피부, 힘을 뺀 표정, 자연스러운 색감이 '세주 스타일'로 불리기 시작하면서, 이를 상징하는 단어 '세주가오'가 만들어졌다.

Seju 소속 대표 연예인 나가하마 히나(長浜広奈) ⓒ Seju 공식 홈페이지

　그렇다면 도대체 세주가오(Seju顔)는 구체적으로 어떤 얼굴일까. 핵심 키워드는 '투명감(透明感)'과 '과하지 않음(抜け感)'이다. 겉으로 보기엔 일본에서 예전부터 일본에서 사랑받아온, 동글동글하고 귀엽고 친근한 인상의 '타누키가오(たぬき顔, 너구리상 얼굴)'와 닮아 보이지만, 세주가오는 그보다 힘이 덜 들어가 있고, 맑은 공기가 흐르는 듯한 분위기가 포인트다.

　'타누키가오'가 동그란 얼굴형과 또렷한 눈매로 귀여운 '생김새'를 강조한다면, 세주가오는 피부의 은은한 윤기와 진하진 않지만 정돈된 이목구비, 맑은 분위기가 어우러진 '트렌디한 러블리함(今っぽ可愛い)'이다. '꾸며낸 듯한 귀여움'이 아니라, '투명함과 자연스러움'. 존재 자체로 맑고 편안한 인상을 주는 얼굴. 그것이 세주가오다.

이 분위기를 내기 위해서는 화장은 연하게, 피부는 맨 얼굴에 가까울 정도로 자연스럽게 표현하는 것이 포인트다. 눈썹은 부드럽고 립은 은은하게, 속눈썹이나 치크는 과하게 강조하지 않는다. 헤어는 염색한 듯 안 한 듯 자연스러운 브라운 톤, 살짝 내려오는 앞머리와 윤기가 흐르는 스트레이트 헤어가 특징이다. 코는 높지도 낮지도 않은, 얼굴에 자연스럽게 녹아 시선이 머물지 않는 형태의 '와스레바나(忘れ鼻)'가 포인트다. 여기에 크고 둥근 눈매와 부드러운 애교살이 더해져 전체 분위기를 완성한다. 특정 부위가 튀어 보이기보다 얼굴 전체가 조화를 이루는 인상이 중요하다. 패션 역시 화려함보다 담백함을 지향한다.

즉, 세주가오는 단순한 '얼굴의 생김새'를 뜻하는 단어를 넘어 하나의 세계관을 표현하는 개념이며 아우라와 분위기, 그리고 자기만의 '느낌'을 함께 담아내는 새로운 미의 언어로 자리 잡고 있다.

그렇다면 일본 MZ들은 세주가오에 왜 이렇게 열광할까. 그 배경에는 이 얼굴상을 만들어낸 인플루언서 기획사 'seju'의 독특한 생태계도 한몫 한다.

Seju 공식 홈페이지의 탤런트 목록을 보면, 배경은 연한 블루나 그레이 톤으로 통일되어 있고, 의상 또한 차분한 색감 위주로 구성돼 있다. Seju가 '이미지의 일관성'을 얼마나 중요하게 생각하는지가 단번에 드러나는 부분이다. 처음 방문한 사람이라면, 마치 '청초계 아이돌 그룹'의 멤버 프로필을 보고 있는 듯한 인상을 받을 것

なえなの
naenano

森 香澄
kasumi mori

今森 茉耶
maya imamoya

実熊 瑠琉
ruru mikuma

세주 소속 연예인들
© Seju 공식 홈페이지

이다.

이러한 비주얼 전략은 기존 인플루언서 사무소에서는 보기 어려운 시도였다. 콘셉트가 분산된 기존 기획사와 달리, Seju는 '투명하고 깨끗한 이미지'를 하나의 브랜드로 정립했다. 그 결과, 설립 2년도 채 되지 않아 '요즘 여자아이들이 동경하는 브랜드'로서의 'Seju'를 널리 인식시키는 데 성공했다.

Seju는 인플루언서 '나에나노(なえなの)'를 중심으로 출발했다. 초기 SNS를 기반으로 한 감각적인 인재들이 다수 소속돼 있었으며, 오오쿠마 아유(大熊杏優), 혼모 아야카(本望あやか)처럼, 온라인상에서 '친근함'과 '자기 세계관'을 동시에 갖춘 인플루언서들이 브랜드의 색을 만들어왔다. 여기에 전 TV도쿄 아나운서 모리 카스미(森香澄), 전 라스트아이돌의 미즈노 마나(水野舞菜) 등 기존 방송계

인물들이 합류하면서, seju는 SNS와 방송계를 잇는 '하이브리드형 미디어 기획사'로 진화했다.

특히 일본의 인기 연애 리얼리티 프로그램 '오늘, 좋아하게 됐습니다(今日、好きになりました)' 출신의 10대 멤버들이 대거 합류하면서, seju는 MZ세대의 일상 감정과 연애 감성을 가장 잘 시각화하는 브랜드로 확장됐다. 동시에 소속 배우와 모델들이 일본 주요 패션 잡지의 표지를 장식하며, SNS 중심 기획사로서는 드물게 오프라인 존재감까지 확보했다.

이 '온라인의 생동감'과 '오프라인의 정제된 이미지' 사이의 균형이야말로, 세주가오가 일본 MZ세대 사이에서 사랑받는 이유다. SNS에서 실시간으로 소통하면서도, 잡지나 방송 속에서는 여전히 청초하고 완성된 이미지를 유지하는 그들의 모습은, 지금 세대가 꿈꾸는 가장 현실적인 '새로운 미소녀상'으로 받아들여지고 있다.

# 今日、好きになりました

# 쿄스키

**"오늘 좋아하게 되었습니다"**
**설렘의 주인공은 '고등학생'**

ABEMA의 대표적인 연애 리얼리티 프로그램 '오늘, 좋아하게 되었습니다.'(今日、好きになりました)(이하 '쿄스키')는 일본의 젊은 세대, 특히 10대 시청자들에게 절대적인 인기를 얻고 있는 프로그램이다. 2017년 10월 첫 방송 이후 꾸준히 시즌을 이어오며, 지금까지 30편이 넘는 시리즈가 제작되었다.

2025년 상반기 ABEMA에서 방영된 프로그램 중 '쿄스키'는 10대 남녀 시청률 1위를 차지했으며, 특히 10대 여성 시청자가 본 TOP3 프로그램 모두가 '쿄스키' 관련 작품일 정도로 높은 인기를 보여주었다. 이 인기는 20~30대와 40대 여성까지 전 연령층으로 이어졌다. 종합 랭킹에서도 '쿄스키' 시리즈가 1위와 2위를 석권했다.

특히 상반기에 방영된 할롱편은 전 시리즈 중 주간 시청자 수

'오늘, 좋아하게 되었습니다'
ⓒ 今日、好きになりました 공식 X 계정

최고 기록을 세우며, 2016년 ABEMA 개국 이후 모든 오리지널 프로그램 중에서도 가장 높은 기록을 달성했다. 이처럼 2025년 '쿄스키' 시리즈는 세대 전반에서 강력한 지지를 받았으며, 특히 여자 중고생 중심의 10대 시청자층에서 압도적인 인기를 확보하고 있다.

방송 프로그램 자체의 인기도 높은 만큼 '쿄스키'에 참여한 출연자들의 인기도 폭발적이다. 프로그램을 통해 화제가 되어 연예인·인플루언서로 활발하게 활동하는 멤버들이 다수 등장하는데, 예를 들어 출연자 '노아'는 SNS 총 팔로워 수 260만 명을 넘는 고등학생 인플루언서로, 중고등학생뿐 아니라 20대 이상의 여성층에서도 큰 주목을 받고 있다.

또한 출연자들의 패션과 라이프스타일은 시청자 사이에서 큰 화제가 된다. 방송 속 한마디가 유행어가 되거나, '미니 원피스', '루즈삭스', '미니스커트 코디' 등 프로그램 내 스타일이 SNS를 통해 빠르게 확산되며 일본 MZ세대 트렌드로 자리 잡는다.

'쿄스키' 시리즈의 테마는 '사랑의 수학여행'으로 단순하지만 매력적이다. 시즌마다 고등학생 남녀가 2박 3일간 함께 여행하며 '운명 같은 사랑'을 찾는 설정을 기반으로 한다. 처음 만난 출연자들은 함께 시간을 보내며 서로에게 끌리거나 고민하며, 마지막 날 고백을 통해 커플 성사 여부를 결정한다.

시즌마다 촬영 배경도 달라지는데, 일본 각지는 물론 하와이 · 괌 · 뉴질랜드 · 사이판 · 할롱 · 서울 · 경주 등 해외 로케이션에서도 촬영이 이루어졌다.

스튜디오에는 미토도케닌(見届け人)이라고 불리는 연예인 패널들이 출연한다. 이들은 VTR을 보며 출연자의 행동을 분석하고 조언을 건네며, 리액션을 통해 프로그램 분위기를 이끈다. 모델 · 아이돌 · 개그맨 등 다양한 인물들이 참여해 청춘의 감정에 공감하거나 따뜻한 농담을 던지기도 한다.

'쿄스키'의 인기 비결은 본편 뿐 아니라 스핀오프 콘텐츠의 힘에도 있다. 대표적인 예로 '스파노비'(すぱのび / すーぱーのびしろたいむ by 今日, 好きになりました)가 있다. 쿄스키 멤버들이 학교를 벗어나 다양한 환경에서 새로운 도전을 하는 모습이 담기며, 본편에서 볼 수 없던 매력을 보여줘 시청 몰입도를 더욱 높인다.

또한 OTT 서비스 ABEMA는 방송 이후 인터뷰 · 비하인드 영상 · 추가 스토리 제공, 실시간 코멘트 기능 등을 통해 시청자의 리얼한 감정몰입과 참여 경험을 강화한다.

국내에서 '환승연애', '하트시그널' 등 다양한 연애 리얼리티가

'오늘, 좋아하게 되었습니다. 졸업편 2025'
ⓒ 今日、好きになりました **방송 캡쳐**

제작·방영되어 왔으나, 이들은 성인 출연자를 중심으로 한 포맷이다. 반면 '쿄스키'는 현역 고등학생만을 출연 원칙으로 삼는 점이 차별점이다. 프로그램 제목 '오늘, 좋아하게 되었습니다.'처럼 짧은 만남 속에서 싹트는 감정과 첫사랑의 설렘을 담아내며, 시청자들에게 자신의 첫사랑 기억을 자연스럽게 환기시킨다.

'쿄스키'는 '2박 3일간의 짧은 여행 속 사랑'이라는 단순한 구성 위에, 고정된 포맷과 연계 콘텐츠 구조를 구축하여 ABEMA의 대표 시즌제 콘텐츠로 자리 잡았다. 이를 기반으로 지속적으로 시청자의 관심을 유지하며 현재까지도 새로운 시즌을 이어오고 있다.

# 산리오의 부활

이제 귀여움도 전략이다!
산리오가 '최애'가 된 이유

최근 일본에서 산리오 캐릭터가 다시금 젊은 세대의 마음을 사로잡고 있다. 한때 어린이용으로만 여겨졌던 헬로키티, 마이멜로디, 폼폼푸린 등이 이제는 '오시카츠(推し活, 덕질 활동)'의 중심에 선 것이다.

열풍의 중심에는 매년 봄 열리는 '산리오 캐릭터 대상(サンリオキャラクター大賞)'이 있다. 1986년 엽서 투표로 시작된 작은 이벤트는 지금 전 세계 팬이 참여하는 글로벌 행사로 성장했고, 2025년에는 무려 6,300만 표라는 사상 최대 기록을 달성했다. 단순한 인기투표가 아니다. 팬이 직접 참여하고 즐기는 '축제형 이벤트'라는 점이 핵심이다.

SNS에서는 투표 기간이 되면 "○○에게 정직한 한 표를!" "△△를 1위로 만들 작전 회의하자!" 같은 '선거 운동' 분위기의 글이 넘

처난다. 산리오도 이런 열기를 적극적으로 활용한다. 각 캐릭터 공식 계정이 "○○입니다! 투표 부탁해요~"라고 캐릭터 특유의 말투로 홍보한다. 팬들은 "내 최애 캐릭터가 직접 부탁하네? 당연히 응원해야지!" 하며 몰입하고, 공식 계정이 '좋아요'나 리포스트로 반응하면 내 게시물을 봐줬다는 사실에 더 열광한다.

투표 방식도 다양하다. 산리오 샵에서 상품을 구매하거나, 제휴호텔에 숙박하면 투표권이 생기고, 라이브 앱에서 캐릭터에게 기프트를 보내도 표를 얻을 수 있다. 팬들은 "어떻게 하면 내 최애 캐릭터를 1위로 만들까"를 두고 전략을 짠다. 매년 SNS에는 '○○ 투표 작전회의' 같은 태그가 넘치고, 캐릭터 대상은 순위 경쟁을 넘어 팬과 캐릭터가 함께 만드는 축제로 진화했다.

최근 일본에서는 "누군가를 응원하는 행위 자체를 즐기는 문화"

가 확산되고 있다. 산리오는 이 흐름을 누구보다 빠르게 포착해, 투표·SNS·굿즈 소비를 하나의 경험으로 연결하는 팬 구조를 구축했다. 2013년에는 "1위가 되면 ○○하겠습니다!"라는 공약 시스템이 화제를 모았는데, 당시 "1위가 되면 여러분과 허그하겠다"는 공약을 건 키티는 1위 달성 후, 전국 팬들과 포옹 이벤트를 열었다. '공약 실현형 캐릭터'라는 이색 콘셉트는 팬심을 폭발시키기에 충분했다.

MZ세대가 산리오에 열광하는 이유는 단순히 귀여움 때문이 아니다. 산리오는 '완벽하지 않은 캐릭터'를 통해 공감을 이끌어낸다. 시나모롤이 "졸리지만 힘내게", 쿠로미가 "일어나기 싫다" 같은 일상적인 글을 올리면 팬들은 "나도 그래"하며 마음을 나눈다. 그들의 캐릭터는 이상적인 존재가 아니라, 인간적인 감정을 지닌 친구처럼 느껴진다.

모든 캐릭터가 저마다의 이야기를 가진 것도 강점이다. 마이멜로디는 마법의 나라 마리랜드 출신, 시나코롤은 한 카페의 간판 강아지, 키티는 런던 근교 출신의 소녀… 이런 서사가 팬들에게 캐릭터를 '입체적인 인물'로 인식하게 만든다. MZ세대는 외형적인 귀여움보다 자신만의 세계를 가진 존재에 감정 이입하며 관계를 맺는다.

산리오는 굿즈 제작의 왕국이지만, 최근엔 "최애를 응원하기 위한 도구" 자체를 상품화하고 있다. 아크릴 스탠드 전용 케이스, 응원봉 파우치, 덕질 활동 전용 토트백 등 '덕질을 위한 덕질 용품'이 등장했다. 캐릭터를 파는 브랜드에서 '덕질 인프라'를 제공하는 브랜드로 진화한 것이다.

여기에 경영진의 세대교체도 새로운 바람을 더했다. 창업자인 '츠지 신타로(辻信太郎)' 회장이 경영 일선에서 물러나고, 그의 손자인 1988년생 '츠지 토모쿠니(辻朋邦)' 2020년 사장으로 취임했다. 그는 "산리오를 세대와 성별을 초월한 커뮤니케이션 브랜드로 확장하겠다"고 선언하며 조직의 평균 연령을 약 20세 낮추고, 마케팅 중심의 경영 체제로 전환했다.

MZ세대 경영자가 이끄는 새로운 산리오는 '누군가를 응원하는 마음'이라는 감정 경제를 창조한 브랜드로 평가받고 있다. 지금 일본에서 유행하는 것은 단순한 캐릭터가 아니라, '나의 최애를 통해 나 자신을 표현하는 방식'이다. 부모 세대가 키티를 사랑했다면, 자녀 세대는 쿠로미로 자신을 드러낸다. '오시카츠'는 이제 일시적인 유행이 아니라 삶의 리듬과 감정의 언어가 되었고, 그 중심에는 여전히 귀엽고 현명한 브랜드, 산리오가 있다.

アソビシステム

# 아소비시스테무

## "카와이이 다케쟈 다메데스까?", 하라주쿠가 다시 춤춘다

유튜브 숏폼이나 릴스를 보다가 어느 귀여운 여자 아이돌이 알록달록한 옷을 입고 "카와이이 다케쟈 다메데스까?(かわいいだけじゃだめですか？, 귀엽기만 해서는 안 되나요?)"라고 노래하는 영상을 본 적이 있는가. 2024년 하반기 일본 틱톡을 뜨겁게 달군 곡으로, 하라주쿠 감성과 KAWAII 미학을 다시 불러낸 8인조 걸그룹 CUTIE STREET(큐티 스트리트)의 데뷔 싱글이다. 한 번 들으면 잊히지 않는 중독성 있는 멜로디, '귀여움'을 다시 정의하는 메시지, 그리고 원색감 넘치는 하라주쿠 스타일의 영상미까지. 이 곡은 일본 MZ세대의 '아이돌 취향'을 단숨에 바꿔 놓았다.

이 변화를 이끈 주체가 바로 아소비시스테무(アソビシステム)다. '原宿から世界へ(하라주쿠에서 세계로)'를 슬로건으로 내세운 이 회사는 패션, 음악, 모델, 이벤트를 아우르는 일본 대표 문화 프로덕

아소비시스테무 소속 CUTIE STREET ⓒ 아소비시스테무 공식홈페이지

션으로, '일본이 자랑하는 Made in Japan 감성'을 세계에 전파하고 있다. 즉, 단순한 연예기획사가 아니라 '하라주쿠 감성의 집약체'인 것이다.

여기서 말하는 '하라주쿠 감성'이란, 개성과 자기표현을 중시하는 젊은이들의 거리 문화를 뜻한다. 90년대부터 하라주쿠는 유행을 따라가기보다 "하고 싶은 대로 입는 자유"를 상징하는 공간이었다. 과감한 컬러 매치, 수공예 악세서리, 비대칭 실루엣 등 기존 미의 기준을 뒤집는 스타일이 바로 그 핵심이다. 이 자유분방한 미학이 시간이 지나며 'KAWAII 문화'와 결합해, '귀여움=자기표현'이라는 일본 특유의 감성으로 발전했다.

2024년 데뷔한 8인조 여성 아이돌 그룹 CUTIE STREET는 각자의 매력을 바탕으로 'KAWAII MAKER(귀염 제조기)'라는 콘셉트

아소비시스테무 소속 CANDY TUNE ⓒ 아소비시스테무 공식홈페이지

로 주목받았다. 첫 싱글 'かわいいだけじゃだめですか？'는 빌보드 재팬 틱톡 위클리 차트에서 5주 연속 1위를 기록하며 SNS 세대의 폭발적 반응을 얻었다. 특히 10~20대 여성 팬층이 중심이 되어 MV 속 헤어·메이크업을 따라 하는 챌린지가 확산되며 '하라주쿠 감성의 부활'을 실감케 했다.

같은 아소비시스테무 산하의 CANDY TUNE 또한 '귀여움'에 더해 '본격 퍼포먼스'를 앞세운 7인조 그룹으로, '귀여움과 완성도를 모두 갖춘 요즘다운 그룹'이라는 콘셉트를 내면서 음악성과 비주얼 밸런스를 동시에 잡고 있다. 이들은 KAWAII LAB. 프로젝트의 세계관을 이어받으며 "지금 일본 젊은 세대가 공감하는 아이돌상"으로 평가받고 있다.

아소비시스테무의 아이돌들은 하라주쿠발 KAWAII 문화를 다

시 주목받게 하며, 일본 청년들 사이에서 "진짜 일본풍 아이돌이 돌아왔다"는 반응을 이끌어냈다. '原宿から世界へ(하라주쿠에서 세계로)'라는 슬로건 역시 밈처럼 확산되고 있다.

특히 "カワイイだけじゃダメですか？"로 주목받은 CUTIE STREET의 등장은, 아소비시스테무가 단순히 아이돌 그룹을 제작하는 데 그치지 않고, 하라주쿠 감성을 '현재형 문화'로 되살린 결정적 계기가 되었다. 세련된 비주얼과 중독성 있는 음악을 통해 MZ세대의 감각에 맞게 'KAWAII의 진화형'을 제시한 것이다.

즉, 아소비시스테무의 아이돌은 과거의 하라주쿠가 상징하던 '자유로운 자기표현의 정신'을 오늘날 SNS 세대의 언어로 재해석한 존재이며, 그 결과 'KAWAII'는 다시 일본 젊은 세대의 자부심이자, 세계에 발신할 수 있는 새로운 문화 아이콘으로 자리 잡았다.

モンチッチ

# 몬치치

라부부, 크라잉베이비에 이은
넥스트 캐릭터

2025년, 중국발 라부부(LABUBU) 캐릭터가 글로벌 시장에서 막대한 영향력을 행사한 가운데, 몬치치(Monchhichi)가 다음 글로벌 '백 참(Bag Charm) 문화'를 주도할 넥스트 캐릭터로 급부상하고 있다. 몬치치는 단순히 추억 속 캐릭터에 머물지 않고, 태국과 한국발 SNS 확산을 발판 삼아 일본 MZ세대와 인바운드 관광객들 사이에서 폭발적인 리바이벌 붐을 일으켰다. 이는 단기적인 레트로 열풍이 아니라, 지속 가능한 에버그린 IP로의 재도약을 알리는 결정적인 모멘텀이 되고 있다.

1974년, 일본 완구회사 세키구치(セキグチ)에서 탄생한 작은 원숭이 인형 몬치치는 당시 일본을 대표하는 국민 캐릭터였다. 둥근 얼굴, 손가락을 빠는 포즈, 주근깨가 있는 볼 등 특유의 소박하고 사랑스러운 외모로 1970~80년대 어린이들의 마음을 사로잡

몬치치 colors 키 체인
© Sekiguchi 공식 홈페이지

았으며, 출시 이듬해 유럽을 시작으로 북미 시장까지 진출하며 초기부터 팬 층을 구축했다. 이름 'Monchhichi'가 프랑스어 'mon petit(내 귀여운 것)'에서 유래했듯이, 몬치치는 태생부터 '소중함'과 '따뜻함'이라는 감성적 가치를 내포하고 있었다.

그렇다면, 추억 한 편에 머물던 몬치치가 최근 다시 주목받게 된 이유는 무엇일까. 리바이벌 붐의 결정적인 기폭제는 해외 셀럽과 인플루언서들의 SNS 인증이었다. 태국의 국민적 배우 촘푸 아라야(Araya A. Hargate)와 한국의 BLACKPINK 리사, 그리고 배우 손예진 등의 게시물이 몬치치를 순식간에 글로벌 패션 아이템으로 격상시켰다. 이들이 몬치치를 고가의 핸드백에 매달아 백 참으로 활용하는 모습은 MZ세대에게 개인의 스타일을 드러내는 아이템으로서의 캐릭터 활용을 각인시킨 계기가 되었다.

몬치치가 폭발적으로 재부상한 심리적 동력은 바로 '불완전함의 매력'이다. 2025년 글로벌 트렌드를 이끌었던 라부부가 '귀엽지만 어딘가 기묘한 디자인'으로 전세계인의 사랑을 받았다면, 몬치치 역시 주근깨 얼굴과 손가락을 입에 물고 있는 포즈로 기존의 완벽하게 다듬어진 캐릭터와는 다른 '소박함'과 '개성'을 선보인다. 이는 반(反)완벽주의와 개성 중심의 가치관을 중시하는 젊은 세대의 정서와 정확히 공명한다.

고급 가방에 몬치치와 같은 봉제 캐릭터를 매다는 행위는 일종의 '규칙 파괴적 위화감(ズレ)'을 즐기는 스타일링 코드로 작동한다. 이는 과거 발렌시아가(Balenciaga)가 주도했던 '어글리 패션(Ugly-Fashion)' 현상과 맥을 같이하는 것으로, 불완전함이나 위화감이 곧 개성으로 평가받는 시대정신을 반영한다. 몬치치는 단순한 장식이 아닌, 감정을 표현하고 타인과의 차이를 드러내는 감성적 패션 오브제 중 하나로 기능하며, 이는 복잡한 사회 속에서 위로와 치유를 적극적으로 찾는 젊은 세대의 웰빙 심리와도 맞닿아 있다.

이러한 해외발 붐은 즉각적으로 일본 내 시장 반응으로 이어졌다. 태국과 한국에서 시작된 트렌드는 일본 내 인바운드 수요와 결합하며, 아사쿠사의 '토이 스테라오', 하라주쿠 '키디랜드' 등 주요 매장을 일본 MZ세대와 관광객의 '성지순례' 장소로 만들었다. 매장에서는 상품을 채워 넣기가 무섭게 매진되는 현상이 이어지고 있으며, 이는 몬치치가 '일본 레트로 감성의 상징'으로서 소비되고 있음을 보여준다.

몬치치의 시장 파워는 압도적인 수치로 입증된다. 몬치치를 제조·판매하는 세키구치사의 2024년 2월기 매출액은 6억 엔이었으나, 2025년 2월기에는 전년 대비 3.7배 증가한 22억 엔을 기록했다. 이 놀라운 성장세는 2026년 2월기 매출액 35억 엔 달성 전망으로 이어지며, 몬치치가 일시적인 유행을 넘어 장기적인 시장 경쟁력을 가졌음을 증명한다. 또한, 라이선스 계약 건수가 2024년 2월 23개사에서 2025년 9월에는 60개사로 급증하면서, 어패럴, 타월, 토트백 등 캐릭터 일러스트를 활용한 라이선스 상품군이 대폭 확대되어 IP 활용 범위와 가치가 전방위적으로 상승하고 있다.

몬치치는 단순한 복고의 산물이 아니다. 50년 넘게 유지된 브랜드 잔존성과 현대적 감성의 결합으로, '불완전함 속의 위트와 치유'를 상징하는 에버그린 캐릭터로 거듭났다. 정량적으로는 압도적인 매출 성장과 라이선스 확대가, 정성적으로는 MZ세대의 감정 소비 트렌드와의 완벽한 합치가 이를 증명한다. '규칙 파괴적 위화감'은 현대의 개성 중시 패러다임을 관통하며, 라부부로 시작된 백참 트렌드의 바통은 이제 몬치치로 이어지고 있다.

결국 몬치치는 단순한 캐릭터를 넘어, '불완전함 속 자기 긍정'이라는 시대정신을 담은 아이콘이다. 장기 지속성과 감성적 공감력을 모두 갖춘 IP로서, 2026년 글로벌 캐릭터 시장의 중심에 설 가장 유력한 후보라 할 수 있다.

# 다마고치

## 장난감에서 액세서리로, 다마고치의 화려한 컴백

한때 어린 시절 갖고 놀던 디지털 펫이었던 '다마고치'가, 최근 들어 다시 관심을 받고 있다. 다마고치는 1990년대 후반부터 2000년대 초반에 크게 유행했던 전자완구였는데, 최근에는 '어릴 적 추억', '레트로 감성', '패션 액세서리화'가 결합되며 새롭게 부상하고 있다.

2024년 하반기, 일본 MZ세대 리서치 기관인 'Z총연'이 발표한 '2024년 하반기 트렌드 랭킹'에서는 '어릴 때 가지고 놀던 장난감의 재 유행'이 주요 트렌드로 꼽혔고, 그 대표 사례로 다마고치가 언급되었다. 이와 함께 SHIBUYA109 lab이 발표한 '트렌드 대상 2024'에서도 콘텐츠 부문 1위로 다마고치가 선정되며, '레트로 놀이 아이템이 현재의 MZ세대 패션 아이템으로 변신하고 있다'는 분석이 이어졌다.

MZ세대에게 다마고치가 다시 매력적으로 다가온 이유는 단순한 복고가 아니라 새로운 취향을 드러내는 방식으로 재해석되고 있기 때문이다. 레트로함이 있으면서도 지금의 감각에 맞게 리뉴얼된 기기 디자인과 다채로운 컬러 라인업이 등장해 '지금 시대의 귀여움'을 담아냈다. 특히 가방이나 스마트폰 스트랩에 다마고치를 달고 다니는 '악세서리화'가 하나의 트렌드로 자리잡으며, '소유하는 완구'가 아닌 '보여주는 완구'로 진화했다.

이런 변화는 일본 MZ세대의 소비 트렌드 전반과도 닮아 있다. 최근 몇 년간 'Y2K', '헤이세이 레트로' 같은 키워드가 일본 10~20대 패션과 SNS 콘텐츠를 지배하고 있는데, 다마고치 역시 그 연장선에서 인기를 얻고 있다. 실제로 2025년 상반기 마이나비틴즈라보 조사에서 10대 여학생들이 뽑은 트렌드 랭킹 '모노(물건)' 부문 2위가 다마고치였다.

다마고치 ⓒ 반다이 홈페이지

　　SNS에서는 다마고치를 중심으로 한 커뮤니티 문화가 빠르게 확산되고 있다. 친구들과 함께 다마고치를 꾸미거나 가방에 달아 사진을 올리는 것이 하나의 놀이처럼 자리 잡았고, '작고 귀여운 소품'을 공유하는 감성이 자연스럽게 트렌드로 번졌다. 이러한 자발적인 확산은 브랜드의 마케팅 없이도 스스로 화제를 만들어내는 구조로 이어졌다.

　　실제로 일본 대형 완구사 '반다이'는 2025년 8월 "다마고치 누적 출하량 1억 개를 돌파했다"라고 발표하면서 MZ세대가 다마고치를 '덕질(推し活)' 아이템처럼 컬러 매칭해 착용하는 현상을 공식적으로 언급했다. 이는 다마고치가 단순한 완구를 넘어, 하나의 '패션 콘텐츠'이자 '정체성 표현 수단'으로 자리 잡았음을 보여주는 사례였다.

　　요약하자면 다마고치의 부활은 단순한 '추억 소비'가 아니라,

MZ세대가 과거의 아이템을 자신만의 감각으로 해석한 결과다. 90년대 장난감이 2020년대의 패션 아이콘이 되었고, 손안의 장난감이 이제는 '스타일을 완성하는 소품'으로 자리했다. 일본 MZ세대는 다마고치를 통해 세대의 경계를 넘나드는 새로운 레트로 문화를 만들어가고 있다.

# 코믹마켓

## AI 시대에도 흔들림 없는 창작의 성지

일본 최대 동인지 판매 행사 '코믹마켓(コミックマーケット)'은 단순한 이벤트를 넘어 일본 서브컬처와 콘텐츠 산업의 거대한 심장부이다. 1975년 수십 명 규모로 시작된 코믹마켓은 반세기를 거쳐 수십만 명이 모이는 거대한 축제로 성장했다. 누적 방문객 2,830만 명에 달하는 이 열정의 장이 최근 더욱 의미심장한 주목을 받는 이유는, AI 이미지 생성 기술의 압도적인 발전 속에서도 'AI가 필요 없다'는 창작자들의 확고한 의지를 증명하고 있기 때문이다.

2025년 8월 도쿄 빅사이트에서 진행된 코믹마켓은 기온이 30도를 훌쩍 넘는 날씨에도 이틀간 25만 명이 집결했다. 부스 1개에 8,000엔만 지불하면 누구나 동인지를 판매할 수 있는 이 '창작의 성지'는 SNS상에 특정 캐릭터나 화풍을 모방한 AI 생성 이미지가 범람하는 상황과는 대조적인 풍경을 연출했다. 코믹마켓은 반세기

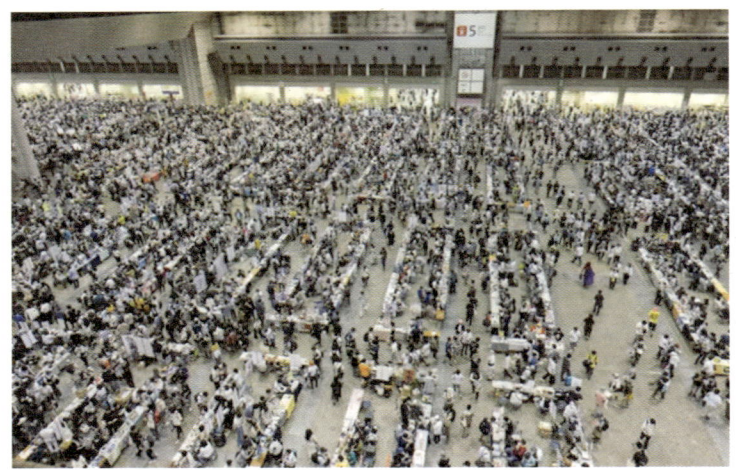

**2025년 8월 진행된 코믹마켓 ⓒ 닛케이신문**

동안 '좋아하는 작품을 사랑하는 방식으로 표현하고, 그것을 공유하는' 문화가 쌓여 왔기에, AI를 활용한 동인지를 찾아보기 어려웠던 이 풍조는 2026년 이후에도 일본 창작 문화의 핵심 기조가 될 것으로 보인다.

코믹마켓에서 AI 작품이 배제되는 현상은 단순한 주최 측의 금지 조치(공식적으로는 금지되지 않음)가 아니라, 창작자들 스스로의 '자존심(矜持)'에서 비롯된다. 창작자들은 자신이 '덕질하는 작품'에 대한 애정을 표현하는 창작 행위의 주역을 AI에게 양보하지 않을 것이라는 의지를 공유한다. 창작 과정 자체를 즐거움이자 자기표현의 핵심으로 보는 코믹마켓 문화 속에서, AI는 과정의 주체가 될 수 없다는 것이다.

코믹마켓은 '모든 표현을 받아들인다'라는 철학을 반세기 동안 유지하며 '표현의 자유'를 수호하는 최전선으로 여겨진다. 이 강한 문화적 자긍심이 외부의 기술적 변화에도 흔들리지 않는 '코믹마켓만의 영역'을 구축하고 있다. 이는 '인간의 순수한 작품 사랑'과 '창작 의지'가 AI의 기술적 우위보다 더 강력한 가치를 창출할 수 있음을 증명하며, 일본 콘텐츠 산업의 요람 역할을 굳건히 지키고 있다. AI의 활용이 불가피해지는 미래에도, '내가 직접 창조했다'라는 근원적인 만족감을 추구하는 코믹다켓의 정신은 계속 이어질 것이다.

코믹마켓은 단순한 팬 활동의 장을 넘어, 일본 콘텐츠 산업의 '창조적 DNA'를 배양하고 순환시키는 엔진 역할을 해왔다. 2025년 1월, 흥행에 성공한 영화 《기동전사 건담 GQuuuuuuX》의 사례는 코믹마켓 문화의 영향력을 보여주는 대표적 예이다. 이 공식 작품은 초기 건담 캐릭터를 활용해 '만약 스토리가 다른 방향으로 전개되었다면'이라는 설정을 담았는데, 이는 '코믹마켓식 2차 창작 발상' 그 자체이다. 많은 상업 크리에이터들이 코믹마켓 출신이며, 이들은 '좋아하는 작품이 이러했으면 좋겠다'는 팬의 순수한 갈망을 2차 창작을 통해 해소하며 창작 역량을 키웠다.

많은 상업 작가와 콘텐츠 업계 인사들이 동인 활동을 발판 삼아 지금의 지위를 얻었다. 업계에서는 '동인지가 있어야 업계 발전이 있다'는 인식 아래, 코믹마켓을 필수 불가결한 요소로 강조한다. 또한, 코믹마켓을 통해 코스프레, BL(보이즈 러브) 등 다양한 신규 장르가 사회적 시민권을 얻는 토대가 마련되었으며, 이는 2026년에도 이어질 일본 콘텐츠의 다양성 확보에 결정적인 역할을 하고 있다. 기업들 역시 코믹마켓이 팬과 기업이 만나는 중요한 교차점임을 인지하고 121개 사가 기업 부스로 출전하며, 2차 창작을 통한 팬덤 육성을 인정하고 있다.

SNS 활동이 중심인 디지털 세대 크리에이터들에게 코믹마켓은 중요한 의미를 갖는다. 이곳은 X(구 트위터)에서는 얼굴을 알 수 없는 팬과 직접 교류할 수 있는 소중한 장소이다. V튜버 관련 부스나 디지털 일러스트레이터들의 참여가 증가하는 것도 같은 맥락이다. 아날로그적인 '실물 동인지'를 매개로 팬의 존재를 현실에서 실감하고 피드백을 받는 경험은, 디지털 공간에서는 얻을 수 없는 강력한 창작 동기가 된다.

창작자들은 자신이 애정을 가졌던 과거의 작품을 재해석하고, 그 결과물에 공감하는 팬들과 직접 소통하며 창작자로서의 존재감과 자존감을 확보한다. 젊은 참가자들이 "단순한 '손님'이 아니라, 우리도 함께 코믹마켓을 만들고 있다는 느낌이 즐겁다"고 입을 모으는 것 역시 코믹마켓이 제공하는 공동 창조의 가치를 보여준다. 이는 상업적 성공이나 효율성(AI)을 넘어, '그리고 싶다'는 순수한 욕구를 충족하는 코믹마켓 정신을 대변한다.

현재 코믹마켓은 70개국 이상의 참가자가 모이는 글로벌 축제로 성장했으며, 전 세계 창작자들이 언젠가 코믹마켓에 참가하고 싶다는 꿈을 가질 정도로 그 위상은 확고하다. AI 시대에도, 사람 손에서 시작된 창작이 가지는 경쟁력은 간단히 사라지지 않을 것이다. 앞으로는 저작권, 2차 창작과 AI 학습의 충돌, 작가-팬-관람객 간의 신뢰 구축이라는 난제가 남아 있다. 그럼에도 핵심은 변하지 않는다. 코믹마켓이 지키려는 것은 기술이 만든 '꽃'이 아니라, "누가 무슨 마음으로 이 작품을 만들었는가"라는 서사이다.

코믹마켓은 단순한 동인지 판매를 넘어, 창작자와 팬덤이 '좋아하는 마음'으로 연결된 거대한 문화 생태계이며, 일본 콘텐츠 산업의 '창조적 유전자'를 배양하는 핵심 엔진이다. 생성 AI의 흐름 속에서도, 손끝에서 시작된 열정이 아직도 제 페이스를 잃지 않는다면, 이 축제는 여전히 지지 않고 2026년 이후에도 일본 콘텐츠 산업을 지탱하는 지속 가능한 동력이 될 것이다.

猫ミーム

# 네코 밈

2025년 일본 SNS에서는 '고양이 밈(猫ミーム)'이 폭발적인 인기를 얻었다. '밈(meme)'이란 인터넷상에서 재미있는 이미지나 영상을 통해 유행이 퍼져나가는 문화를 뜻하는데, 이번 '고양이 밈'은 기존의 단순한 고양이 영상과는 결이 다르다. 고양이 영상이나 음성을 활용해 짧은 대사와 자막을 덧붙인 '재편집형 쇼트무비 콘텐츠'로 진화한 것이다.

과거의 고양이 영상이 '힐링'이나 '웃음'을 위한 단순한 감상물이었다면, 지금의 고양이 밈은 '누구나 공감할만한 이야기'를 고양이를 통해 표현하는 콘텐츠다. 직장 생활의 스트레스, 연애의 불안, 친구 간의 미묘한 감정 등 인간적인 감정을 고양이에 투영시켜 "이거 내 얘기잖아!"라는 반응을 이끌어낸다.

대표적인 밈 영상에는 '머리를 감싸며 절규하는 고양이', '서서

춤추는 고양이', '냥냥펀치를 날리는 고양이' 등이 있으며, 짧은 스토리 속에서 인간의 감정선을 재치 있게 표현한다. 이러한 '공감 가능한 일상'과 '귀여운 비주얼' 조합이 MZ세대의 정서와 딱 들어맞는다.

고양이 밈의 또 다른 핵심은 '음악'이다. 밈마다 특정 곡과 장면이 세트처럼 인식되어 한 번 보면 머릿속에서 계속 맴도는 중독성을 만든다. 예를 들어, Avril Lavigne의 'Girlfriend'나 칠레 가수 Christell의 'Dubidubidu'에서 '치피치피 차파차파♪" 후렴, My Happy Song의 'Happy~ Happy~ Happy~' 구절 등이 대표적이다. 이 음악들이 고양이 영상과 사용되면서 단순한 동물 영상이 아니라 '음악-편집-표현'이 하나로 연결된 포맷이 탄생했다. 사용자들은 이 구조를 자연스럽게 따라 밈을 응용하고, 공유와 확산의

속도가 폭발적으로 높아지는 선순환을 만들었다.

고양이 밈은 누구나 쉽게 참여할 수 있다는 점에서도 매력적이다. 얼굴을 공개하지 않고 자신의 경험을 이야기할 수 있고, 이미 정해진 영상 소재나 템플릿을 활용하면 고급 편집 기술이 없어도 '그럴듯한 콘텐츠'를 만들 수 있다. 익명성은 유지하면서 공감을 이끌어내고 나를 표현할 수 있는 창구로서 고양이 밈은 이상적인 형식이 된 셈이다. 버추얼 유튜버나 AI 아바타보다 훨씬 가볍고, 진입 장벽이 낮다는 점 역시 확산의 핵심 요인으로 꼽힌다.

무엇보다 고양이 밈이 강한 파급력을 지닌 이유는 '귀여움이 메시지를 완화시키는 힘'에 있다. 조금은 부정적이거나 자조적인 내용도 귀여운 고양이가 등장하면 거부감 없이 소비된다. "웃기지만 귀엽다", "공감되지만 부담없다"는 감정선이 고양이 밈을 SNS 확산에 최적화된 콘텐츠로 만들었다. 고양이의 표정 하나로 '슬픔', '분노', '포기' 같은 감정을 대변하면서도, 보는 이들에게 피식 웃음을 선사한다. 이러한 감정 완화 효과가 바로, 고양이 밈이 힐링과 유머를 동시에 잡는 이유'다.

음악적 중독성, 공감가능한 짧은 스토리, 낮은 진입장벽, 그리고 고양이 자체의 매력이 합쳐진 고양이 밈 콘텐츠는 언어를 뛰어넘어 누구나 쉽게 만들고, 함께 즐길 수 있는 새로운 흐름으로 확장되고 있다. 그 중심에는 오늘도 리듬에 맞춰 춤추는 한 마리의 고양이가 있다.

# 일본 MZ세대는
# 이런 맛에 진심이다

2026日本で流行っているもの

カヌチュロ

# 카누츄로

카눌레도 츄러스도 못 잊는다면?
정답은 '카누츄로!'

최근 일본의 디저트계에서는 '카눌레'와 '츄러스'를 결합한 신개념 디저트 '카누츄로(カヌチュロ)'가 빠르게 인기를 모으고 있다. '카눌레의 쫀득함'과 '츄러스의 바삭함'을 동시에 느낄 수 있는 독특한 식감으로, 특히 10~30대 여성 사이에서 '지금 가장 먹고 싶은 디저트'로 떠올랐다.

"카눌레는 맛있지만 먹기 좀 불편하고, 츄러스는 식감이 좋지만 속이 퍽퍽하다"라는 목소리 속에서 탄생한 것이 바로 이 '좋은 점만 모은 디저트'다. 겉모습은 츄러스처럼 막대형이지만, 한입 베어 물면 카눌레 특유의 쫀득한 질감과 버터 · 럼주의 향이 퍼지는 새로운 맛의 경험이 펼쳐진다.

카누츄로 열풍의 배경에는 일본 내 '카눌레 재 유행'이 있다. 최근 몇 년 사이 카눌레 전문점이 급증하며, 편의점에서도 한정 판매

가 이루어질 정도로 인기가 높아졌다. 하지만 카눌레는 특유의 식감 때문에 호불호가 갈리기도 했다. 이런 아쉬움을 보완한 것이 바로 '카누츄로'. '겉은 바삭하고 속은 쫀득한' 완벽한 균형으로, 카눌레 마니아뿐 아니라 츄러스 팬층까지 사로잡았다. 또한 비주얼적으로도 '사진이 잘 받는 디저트'로 주목받으며, 틱톡이나 인스타그램 등 SNS를 중심으로 화제를 모았다.

"겉은 츄러스, 속은 카눌레라는 게 신기하다", "한 입 먹는 순간 바삭 → 쫀득 → 향긋, 순서가 완벽하다"와 같은 후기들이 이어지고 있으며, 일본 내 '먹킷리스트'(食べたいリスト)에 빠지지 않는 아이템이 되었다.

현재 일본에서 유명한 카누츄로 전문점 중 하나는 바로 도쿄 유라쿠초(有楽町)에 위치한 'Papillon'이다. 이곳은 세계 최초의 카누츄로 전문점으로 알려져 있으며, 매장 앞에는 주말마다 긴 줄이 늘어설 정도로 인기가 높다. 자동판매기식 주문 시스템을 도입해 간

편하게 구매할 수 있고, 테이크아웃 전용이라 부담 없이 즐길 수도 있다. 플레인 외에도 커스터드 크림, 루비 초콜릿, 계절 한정 고구마 맛 등 다양한 맛이 출시되어, '먹어보기 시리즈'를 SNS에 올리는 팬들도 늘고 있다. 특히 플레인은 버터와 럼주의 고소함이 풍부해 가장 클래식하면서도 완성도가 높다는 평을 받고 있고, 온라인 주문도 가능해 지방에서도 쉽게 구매할 수 있는 점 역시 인기 요인이다.

카누츄로가 단순히 '맛있는 신제품'에 그치지 않고 트렌드로 자리 잡은 이유는 MZ세대가 새로운 식감과 조합, 그리고 색다른 비주얼을 즐기는 경향을 가지고 있기 때문이다. 일본의 젊은 세대는 단순히 먹는 것보다 색다른 형태의 맛을 시도하는 경험 자체에 흥미를 느낀다. 카누츄로는 이러한 기대를 깔끔하게 충족시키는 디저트이면서 손으로 들고 먹기 쉬운 스틱형 디자인 덕분에 '공유하기 좋은', '선물하기 좋은', '사진 찍기 좋은' 삼박자를 고루 갖춘 아이템으로 자리 잡은 것이다.

아직 일본에 카누츄로 전문 매장이 많지는 않지만, 각종 카페와 디저트 브랜드들이 '카누츄로 스타일' 제품을 속속 출시하며 제2의 츄러스&카눌레 붐이 확산될 조짐을 보인다. 평범한 건 싫고 좀 더 색다른 디저트를 찾는 사람들'에게 카누츄로는 지금 일본 디저트계에서 뜨거운 선택지다. 커피 한 잔과 함께 즐기는 따끈한 카누츄로 한입, 그 바삭함과 쫀득함의 조화가 일본의 디저트 트렌드를 또 한 번 뒤흔들지도 모른다.

# 오우치 드링크바

## 오늘은
## 우리집이 카페

저녁 시간, 냉장고에서 작은 원액 병을 꺼내 탄산수에 톡 넣어 가볍게 저으면 카페의 드링크바를 옮겨놓은 듯한 한 잔이 완성된다. 'おうちドリンクバー(오우치 드링크바)'는 산토리가 2024년 4월 출시한 농축 원액 제품으로, 농축 원액을 탄산수, 우유, 주스, 주류 등으로 희석해 마시는 신개념 음료 카테고리다. 집에서 즉석으로 다양한 맛을 커스터마이즈할 수 있다는 점에서 일본의 MZ세대를 중심으로 빠르게 확산하고 있다.

유행의 배경은 복합적이다. 코로나 팬데믹을 계기로 집에서 보내는 시간이 늘면서 '집 안에서의 체험 소비'가 전반적으로 확대됐다. 외출 대신 집에서 소소한 이벤트를 즐기려는 수요가 늘면서, 간단한 조작으로 즐길 수 있는 제품들이 주목받았다. 동시에 탄산수의 가정 보급 확대도 결정적 요인이다. 가정에서 탄산수를 자주 소

비하게 되자, 이를 활용해 다양한 맛을 즐길 수 있는 농축형 원액의 수요가 따라오게 됐다. 여기에 '만드는 과정 자체'를 즐기는 MZ 세대의 가치관이 결합되며, 단순한 음료 소비를 넘어 '제작 행위'가 엔터테인먼트화 되었다.

시장과 기업의 반응도 빠르다. 산토리의 'おうちドリンクバー' 시리즈는 출시 후 연내 목표의 2배 이상 판매되는 성과를 보였고, 산토리 측 추정으로 농축 음료 전체 시장은 2021년 대비 2024년에 약 1.3배 성장했다. 산토리는 'POPメロンソーダ', 'C.C.レモン', 'デカビタC' 등 기존의 인지도가 높은 장수 브랜드 맛을 원액화해 출시했다. 익숙한 맛을 내세운 것은 '신제품에 대한 저항감'을 줄여 초기 수용을 촉진하려는 전략이다. 개발 과정에서 산토리는 탄산수뿐 아니라 콜라, 과일주스, 우유 등 다양한 희석재(割材)로 테스트를 반복했고, 결과적으로 소비자가 희석 비율이나 베이스를 바

오우치 드링크바 활용법
ⓒ 산토리 오우치 드링크바
인스타그램

꿔도 '원래의 맛 범위'에서 이탈하지 않도록 레시피를 설계했다.

산토리의 성공 이후 아사히와 코카콜라 계열이 탄산, 레몬 계열의 농축 원액과 시럽형 제품을 확대했고 무인양품, KALDI 등 유통사도 메론소다, 레몬류 시럽을 자체 라인으로 내놓으며 카테고리 경쟁에 뛰어들었다. 편의성을 높인 겨량 캡1회분 스틱형 패키지, 칵테일 믹서, 논알코올 하이브리드 제품 등도 속속 등장해 대기업부터 소매·니치 브랜드까지 다양한 플레이어가 시장을 넓히고 있다.

おうちドリンクバー의 첫 번째 매력은 역시 가성비다. 농축 원액 한 병으로 여러 잔을 만들어 마실 수 있다는 것뿐 아니라, 부피가 작은 농축 원액 병은 보관 또한 용이하다. 두 번째는 '커스터마이즈'의 즐거움이다. 제조사 권장 비율을 기본으로 개인 취향에 따라 1:3~1:6 등 농도를 조절하거나, 서로 다른 원액을 블렌딩해 새

로운 맛을 창조할 수 있다. 세 번째는 소셜 미디어와의 시너지다. 기업의 공식 인스타그램이나 틱톡 캠페인에서 제안하는 레시피(예: 레몬 라씨, 멜론밀크, 데카비타 하이볼 등)를 소비자가 재현하고 변형해 공유하면서 자연스러운 바이럴이 발생한다.

애초에 산토리 내부에서는 "굳이 희석해 마시는 번거로움" 때문에 반대가 있었으나, 개발진이 타코야키 파티(タコパ)처럼 '만드는 과정 자체가 즐거운 사회적 활동'이라는 점을 들어 설득했다고 한다. 즉 집에서 함께 만들고 취향대로 즐기는 경험은 소비자가 기꺼이 시간을 들일 가치가 있다는 것이다.

실용적 관점에서의 가이드도 중요하다. 초심자는 익숙한 맛의 원액(레몬·멜론 계열 등)으로 시작해 제조사 권장 비율(예: 원액 1:탄산수 4)을 기본으로 삼되, 개인 기호에 따라 비율을 조절해보길 권한다. 탄산수 대신 콜라를 베이스로 하면 단맛과 풍미가 강화되어 칵테일류의 대체로 좋고, 우유와 섞으면 멜론밀크·라씨 계열의 디저트 음료가 된다. 알코올과 혼합하면 하이볼류·사워류로 활용할 수 있어 홈바 레시피로도 확장된다.

おうちドリンクバーと는 단순한 음료가 아니다. 소비자가 직접 만드는 과정에서 취향을 드러내고, 소셜한 경험을 생성하는 '체험형 상품'으로 자리매김하고 있다. 향후 브랜드의 시도와 소비자 반응을 관찰하면 일본 내 카테고리의 성숙 경로와 한국으로의 확산 가능성을 가늠할 수 있을 것 같다.

ソバーキュリアス

# 소버 큐리어스

'술'과
헤어질 결심

일본의 MZ세대 사이에서는 '마실 수는 있지만 일부러 술을 멀리하는 '소버 큐리어스(sober curious)'가 일상으로 자리 잡고 있다. 회식이나 대규모 술자리의 빈도도 줄어들었고, 2022년을 기점으로 무알코올 음료 시장이 눈에 띄게 성장했다는 산업 수치가 이를 뒷받침한다. 현장에서는 젊은 소비자 상당수가 "마실 수는 있지만 일부러 마시지 않는다"라고 응답하며 무알코올과 저도주(미알코올 / 微アル) 제품에 대한 수요가 뚜렷해졌다.

이런 변화의 배경에는 건강과 시간 효율성을 중시하는 라이프스타일, SNS와 온라인상 이미지 관리를 중시하는 문화, 그리고 제도적·경제적 요인들이 복합적으로 작용하고 있다. WHO의 권고와 일본 정부의 음주 관련 가이드라인이 맞물리며 '휴간일' 같은 개념이 확산됐고, 체중·수면·운동 루틴을 고려해 음주를 선택적으로 제한하는 태도가 보편화됐다.

MZ세대는 다음 날 컨디션을 중요하게 여겨 야근 후에도 운동이나 취미를 이어가려는 시간 관리 관점에서 술을 피하는 경우가 많다. 또한 취한 상태의 온라인 노출을 꺼리는 경향 때문에 외식 자리에서도 시각적 즐거움을 주는 무알코올 음료를 선호하게 되었다. 회식 문화의 약화, 음주운전 규제 강화, 세제 환경 변화 같은 구조적 요인도 장기적 소비 감소를 촉진하고 있다. 운전하면서 마시는 맥주, 일하면서 마시는 무알코올 하이볼이 주는 쾌감이 있다고들 한다.

이러한 소비 변화는 제품 스펙트럼의 확대로 이어졌다. 과거의 무알코올 음료가 단순한 탄산음료나 차 위주였다면, 지금 일본 매장과 바의 메뉴는 훨씬 다양하다. 0.00% 무알콜 맥주는 감압증류나 역삼투 등 기술로 맥주 특유의 쓴맛과 향을 재현하는 수준에 이르렀고, 하이네켄0.0 같은 글로벌 제품뿐 아니라 일본 제조사들의 품질 경쟁이 치열하다. 알코올 도수 0.5~1%대의 저도주 '微アル' 제품은 한 번 정통 양조를 거친 뒤 알코올만 줄여 맛의 근접성을 확보한 사례로, 레몬サワ—나 하이볼의 저도주 버전도 늘고 있다.

이러한 '소버 큐리어스' 경향이 만든 신조어가 목테일(モクテル)이다. 목테일, 혹은 모크테일이란 '모조'와 '칵테일'의 합성어로, 알코올이 없는 칵테일을 뜻한다. 바나 레스토랑에서는 주류 메뉴처럼 제공되고, SNS에 잘 어울리는 비주얼과 음식 페어링을 고려한

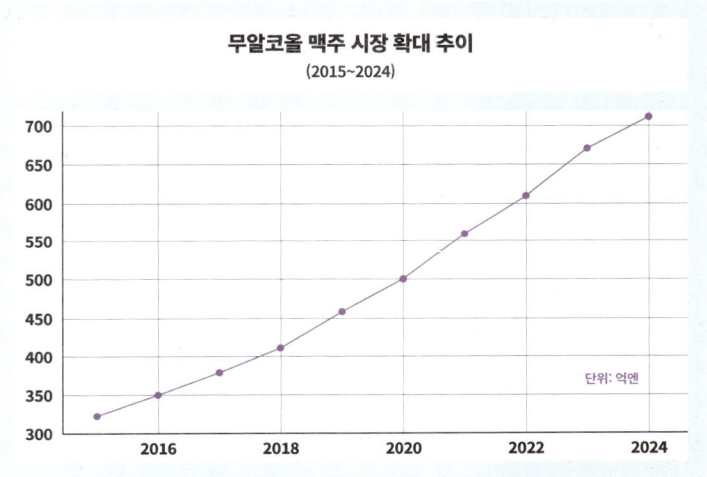

**무알코올 맥주 시장 확대 추이**
(2015~2024)

단위: 억엔

무알코올 맥주 시장 확대 추이(2015~2024) ⓒ 일본 음료시장조사 데이터

메뉴로 젊은 층에 인기다. 대표적인 예로는 허브와 감귤류로 향을 살린 '무알코올 진토닉', 향신료와 진저에일로 만드는 '무알코올 스파이스 칵테일', 무알코올 스피리츠를 베이스로 한 대체 칵테일 등이 있다. 무알코올 와인·스파클링이나 무칼로리·무당·프리바이오틱스 같은 기능성 제품도 시장을 넓히는 요소다.

업계는 빠르게 대응하고 있다. 전통적 주류기업은 '스마트 드링킹' 같은 캠페인과 함께 무알코올, 저도주 라인업을 강화하고, 크래프트 양조장들도 무알코올 크래프트비어를 내놓으며 품질 경쟁에 참여한다. 외식업체들은 모크테일 전용 메뉴와 무알코올 페어링을 제안해 '무알코올이 있어서 방문하는' 동기를 만들고 있다. 중요한 점은 무알코올 제품이 단순히 알코올의 대체물이 아니라 자기관리와 라이프스타일을 반영한 소비로 재포지셔닝되고 있다는 사실이다.

한국과 비교하면 일본은 '휴간일' 문화의 사회적 수용도가 높고 회식 문화의 해체가 더 진전되어 있다. 저도주 상용화, 고품질 모크테일과 무알코올 스피리츠 같은 경험 중심의 상품들이 빠르게 자리잡고 있다. 결국 일본의 sober curious는 단순한 음주 감소가 아니라 술을 둘러싼 경험과 상품의 재구성이다. 소비자들의 일상과 시간을 고려한 선택이 산업의 제품 설계와 서비스 방식까지 바꿔가고 있다.

# 아사이볼

**몸에도 좋고
인스타에도 좋다**

최근 일본의 젊은 세대를 중심으로 '아사이볼(アサイーボウル)'이 다시 주목받고 있다. 아사이볼은 열대 과일 '아사이(アサイー)'를 갈아 만든 스무디 베이스 위에 바나나, 베리류, 그라놀라, 꿀 등을 얹어 먹는 디저트형 건강식으로, '보울 한 그릇으로 즐기는 슈퍼푸드'로 불린다. 한때 해외 셀럽 중심으로 유행했던 이 메뉴가, 최근 일본에서는 MZ세대 사이에서 '예쁘고 건강한 간편식'으로 다시 인기를 얻고 있다.

일본 조사기관 'Z총연(Z総研)'이 발표한 '2025년 상반기 MZ세대 트렌드 랭킹'에서 아사이볼은 음식·음료 부문 1위를 차지했다. 이외에도 여러 트렌드 조사에서 '지금 가장 인기 있는 음식' 1위로 꼽히며, 2025년 현재에도 그 인기가 이어지고 있다.

비슷한 흐름은 일본 10대 전문 마케팅기업 'i-n-g'가 15~18세

예쁜 슈퍼푸드 '아사이볼'
ⓒ pixabay

남녀 200명을 대상으로 조사한 '2025년 가을 일본 트렌드 리포트'에서도 확인된다. "마트에서 아사이 제품을 자주 본다", "편의점에서도 팔아서 산다"는 응답이 이어졌으며, 아사이볼은 '지금 유행하는 음식' 항목에서 18.5%로 1위를 기록했다.

아사이볼의 인기는 단순히 '맛있다'라는 이유로 설명되진 않는다. 그 배경에는 일본 MZ세대의 소비 가치관 변화가 자리하고 있다. 특히 건강과 기능성에 대한 관심이 높아지면서 '몸에 좋은 음식'을 선택하려는 경향이 뚜렷해졌다.

2025년 발표된 일본 마케팅기업 '네오마케팅'의 전국 조사에서 응답자의 53%가 "건강을 유지하기 위해 투자하고 싶다"고 답했으며, 특히 20대에서는 그 비율이 58%로 전 세대 중 가장 높았다. 건강에 대한 인식이 높아진 MZ세대의 가치관이 '영양이 풍부하고 몸에 좋은 음식'으로 인식되는 아사이볼의 인기로 이어진 셈이다.

한편, MZ세대의 자아표현 욕구와 '나만의 것'을 만들고 싶어 하는 태도도 아사이볼 열풍을 키운 중요한 요소다. 아사이볼은 베이스, 과일, 견과류, 시리얼, 꿀 등을 자유롭게 조합할 수 있어 개인의 취향을 담기 쉽다. 즉, 소비자가 단순히 음식을 '구매'하는 것이 아니라 '참여자'로서 직접 꾸미고 완성하는 과정이 가능하다. 이런 '커스터마이즈'의 즐거움은 곧 SNS상에서의 공유 욕구와도 자연스럽게 연결된다.

다채로운 과일과 그라놀라, 씨앗이 어우러진 한 그릇은 그 자체로 한 장의 완성된 이미지처럼 보인다. 그래서 인스타그램과 틱톡에서는 '#アサイーボウル(아사이볼), '#Z世代グルメ(MZ세대 구루메) 같은 해시태그로 수많은 게시물이 올라온다. "MZ세대에게 인기 폭발 중인 아사이볼이 부활했다"는 문구의 게시물도 쉽게 볼 수 있다. 유튜브에서는 '아사이볼 판매 카페', '다시 뜨는 후르츠 보울' 등의 영상이 꾸준히 업로드되고 있다. 이는 단순히 브랜드 마케팅의 결과가 아니라, 젊은 세대가 스스로 트렌드를 만들어내고 소비하는 구조를 보여준다.

결국 아사이볼의 유행은 건강함, 시각적 즐거움, 개인화, 그리고 접근성의 확대가 함께 만들어낸 결과다. "몸에 좋고 예쁘며, 나답게 만들 수 있다"라는 세 가지 요소가 일본 MZ세대의 감각과 완벽하게 맞아떨어진 것이다. 편의점에서도, 카페에서도 쉽게 만날 수 있는 일상성, SNS를 통해 자연스럽게 확산되는 비주얼, 그리고 개성을 표현할 수 있는 참여형 소비 구조가 어우러지며 아사이볼은 'MZ세대가 다시 선택한 세대형 트렌드 음식'으로 자리 잡았다.

# 麻辣湯

# 마라탕

## 매운맛도
## 커스터마이징 시대라구요

이케부쿠로의 어느 오후, 매운 향이 바람을 타고 번진다. 가게 앞에는 젊은 세대가 길게 줄을 서 있다. 메뉴는 다름 아닌 마라탕(麻辣湯). 지금 일본 MZ세대가 가장 환호하는 음식이다. 매운 향과 붉은 국물, 직접 고른 재료가 만들어내는 시각적 자극은 단순한 한 끼의 의미를 넘어섰다.

이 현상은 데이터로도 증명된다. 2025년 6월 Uber Eats Japan에서 발표한 2025년 상반기 트렌드 랭킹에서 마라탕은 요리 부문 1위를 차지하며 '집에서 주문하는 외식'의 대표 메뉴로 자리 잡았다. 도쿄 주요 체인점에서는 평일 오전부터 줄을 서는 고객의 80~90%가 10대 후반~20대 초반 세대로, 명확한 주 소비층이 형성된 'MZ세대의 음식'임이 드러난다. 이 열풍의 배경에는 단순한 매운맛 선호를 넘어 '맛 + 비주얼 + 선택의 과정'이 결합된 SNS 세대형 소비 공식이 형성되어 있다.

K-POP 아티스트들이 예능이나 브이로그 속에서 마라탕을 즐겨 먹는 모습이 확산되면서, 그 장면이 젊은 세대에게 "지금 가장 핫한 메뉴"의 신호로 작용했다. 이후 일본 내 인플루언서와 유튜버들이 '먹방' 콘텐츠를 통해 이를 재현하며, 트렌드는 '일상 소비'로 확장되었다. 굵은 당면(분모자 등)을 비롯한 독특한 식재료와 강렬한 비주얼이 SNS 시대의 '시각적 만족'을 자극하며, 마라탕은 자연스럽게 MZ세대가 공감하는 '트렌디한 체험형 푸드'로 자리 잡았다.

이러한 확산은 단순한 스타의 영향력을 넘어, 음식을 '혼자서도 즐길 수 있는 음식'으로 소비하는 트렌드를 대변한다. 마라탕이 일시적인 유행을 넘어 일상 소비로 정착한 것은 MZ세대의 복잡한 소비 심리를 정교하게 충족시켰기 때문이다.

마라탕이 일상 소비로 정착한 핵심은 '선택의 자유와 과정의 즐거움'에 있다. 고객은 70~80종의 재료 중 원하는 것을 직접 담고 무게를 재는 '바이킹 시스템'을 통해 '나만의 한 그릇'을 만드는 경험을 한다. 매운맛의 강도, 재료 조합까지 스스로 조정하는 이 DIY 과정은 자기 취향을 세밀하게 표현하려는 MZ세대의 욕망을 정확히 자극한다. 이는 화장품, 패션 등 다른 영역에서 나타나던 '세분화된 취향 관리'가 음식 영역으로 확장된 사례이다. 고객은 이 '선택의 자유'와 '과정의 즐거움'에 대해 2,000엔을 초과하는 가격 지불을 기꺼이 감수한다.

마라탕 ⓒ **tabizine**

이러한 개인화된 경험은 즉시 SNS 콘텐츠로 전환된다. "레벨5 도전"과 같은 챌린지형 소비는 TikTok과 YouTube Shorts에서 '찐반응 콘텐츠'의 대표 주자다. 마라탕은 단순한 식사 행위가 아닌, '나의 자극을 디자인하고 공유하는 개인화된 소비 경험'으로 진화한 것이다. 동시에 마라탕은 '헬시 플렉스(Healthy-Flex)'라는 모순적 만족을 제공한다. 혀가 얼얼할 만큼 매운 자극을 즐기면서도, 저칼로리 당면과 약선 스파이스, 풍부한 채소 섭취를 통해 '건강한 자극'이라는 긍정적인 가치를 확보한다. 훠궈보다 간결한 '1인용 단품 요리' 구조는 혼밥 문화에 완벽히 맞아떨어지며 높은 재방문율을 보장한다.

현재 마라탕은 '가치 중화(ガチ中華)'의 범주를 넘어 일본형 로 컬라이제이션 단계로 진입했다. 도쿄와 오사카의 젊은 상권에서는

선택의 자유와 과정의 즐거움으로 인기를 끈 마라탕 ⓒ Lipro MAVIE

전문점뿐 아니라 편의점, 즉석식품, 심지어 카페 메뉴까지 '마라맛'이 확산되는 양상이다. 특히 '지로풍 마라탕'과 같이 일본의 인기 메뉴와 결합된 파생 메뉴들이 급증하는 추세이다. 이는 단순히 메뉴를 늘리는 수준을 넘어, 일본인의 입맛에 맞춘 '진화형 마라탕'이 시장을 주도하기 시작했음을 의미한다.

마라탕은 단순한 음식 트렌드를 넘어, 일본 MZ세대의 감각적 소비 방식을 상징한다. 이 음식은 '자극의 미학', '선택의 자유', 그리고 '건강한 자기관리'라는 세 가지 핵심 욕망이 교차하는 접점에 선다. 이러한 요인들로 인해 마라탕은 이미 일시적 유행을 넘어 하이브리드형 푸드 트렌드로 자리 잡았으며, SNS를 매개로 그 인기가 지속적으로 확대될 전망이다.

마라탕의 성공은 2026년 이후 유사 'DIY/커스터마이징형 음식'

이 등장할 벤치마킹 사례가 될 가능성이 높다. 즉, 마라탕은 지금 이 시대의 MZ세대를 가장 잘 대변하는 음식으로, 체험형 외식 트렌드의 중심축 역할을 지속할 전망이다.

# 韓国デザート

# K-디저트

## 디저트 강국 일본이
## K-디저트에 빠졌다고?!

K-POP과 K-드라마 인기가 식을 줄 모른다. 그런 한류 붐 속에 'K-디저트' 또한 인기다. 한류가 일본의 일상 풍경에 스며들고 한국을 방문하는 일본 여행객도 매해 최다 기록을 갱신하면서, '먹는 경험'도 그 경로를 따라 확장되고 있다. 일본을 좀 알고, 일본 백화점 디저트 코너에 진열된 아기자기하고 섬세한 과자류를 본 적 있는 독자들이라면 일본에서 한국 디저트가 인기라는 것이 쉽게 상상이 안 될 수도 있다. 그러나 일본에서 유행한 한국 디저트 사례와 그 공통점들을 보면 납득이 될 거로 생각한다.

첫째, 팥빙수(パッピンス)다. 사실 '빙수'는 일본을 대표하는 디저트였다. 하지만 일본식 빙수는 아삭아삭한 얼음 위에 빨강, 초록, 파랑 제각각 과일 맛을 담은 시럽을 뿌려 먹는 매우 단순한 방식이다. 그래서 카페에서 천천히 즐기는 디저트라기 보다는 무더위 속

노점에서 가볍게 집어먹는 군것질거리 정도였다. 그 단조로움에 한국의 팥빙수가 제대로 파고들었다. 우유를 섞어 부드러운 눈처럼 푹신푹신한(フワフワ) 얼음 위에 올린 인절미·흑임자·유자 같은 한국식 토핑은 이국적이면서도 일본인의 취향에 맞게 현지화하기 쉽다. 특히 인절미(インジョルミ)는 그 자체로도 인기다. 일본의 여름은 특히나 뜨겁고 습하다. 그 여름이 점차 길어지고 있는 것도 팥빙수를 찾는 사람들이 많아지고 있는 배경 중 하나다.

둘째, '요아보(ヨアボ)'다. 한국발 요거트 아이스볼 '요아보'는 그 '헬시함 + 시원함 + 커스터마이즈성'이 핵심 매력이다. 정통 레시피를 유지하면서도, 녹차·유자·콩가루 등 일본인에게도 친숙한 재료를 곁들이기 쉬워 매장별·지역별로 차별화된 메뉴 개발이 가능하다. 비주얼이 깔끔하고 토핑 조합을 기록하기 좋은 포맷이라 인스타·틱톡 확산에 유리하다. '나만의 요아보 레시피' 콘테스트, 인플루언서 콜라보도 인기를 끌고 있다. 2025년 여름, 일본의 많은 미디어와 SNS에서 '그릭요거트 다음 트렌드'로 언급됐다. 그만큼 일본에서 그릭요거트는 큰 인기를 얻고 있고 그 배경엔 K-뷰티가 자리하고 있다. 즉, 한국식 요거트는 자기 관리에 철저한 한류 아이돌과 배우들이 즐겨 먹는다는 헬시함이 인기 요인이었다.

셋째, '아히루 푸딩(アヒルプリン / 오리 푸딩)'이다. 일본에서 최근 '고양이 푸딩(猫プリン)'에 이어 '아히루 푸딩'이 히트를 기록하고 있다. '고덕(コダック)'푸딩이라고도 하는데 포켓몬스터에 '고라파덕'의 일본 이름에서 유래했다. 이런 동물 모양의 푸딩의 인기 배

아히루 푸딩
© THE COOKIE 594
공식 인스타그램

경엔 '미니멀한 귀여움'의 재해석이 있다. 귀여움 자체가 소비 배경이 됐던 이전과 달리, '간결한 디자인 + 먹는 순간의 재미'를 결합했다. 귀여운 고양이와 오리의 표정이 흔들리며 변하는 모습, 일부를 도려 먹는 순간의 재미가 한 장의 사진, 짧은 영상 한 편으로 전달된다. SNS에 최적화된 디저트다. 촬영 각도, 껍질을 부술 때의 연출, 토핑을 얹는 방식 등으로 사용자가 손쉽게 바이럴 콘텐츠를 만들 수 있다. 특히 Reels·TikTok 같은 숏폼 플랫폼에서 사용자가 직접 참여하는 챌린지(예: 껍질 깨기, 표정 바꾸기)가 발생하며 유행이 증폭됐다.

　이처럼 일본에서 유행하는 한국 디저트의 특징에는 몇 가지 공통점들이 있다. 그건 바로, 일본인에게 위화감 없는 메뉴와 식재료라는 '친숙함', 기호와 상황에 맞게 다양한 맛과 멋으로 연출할 수 있는 '커스터마이즈성', SNS에 최적화된 '비쥬얼'이다. 그래서 빠르

**고양이 푸딩**
ⓒ 나고야정보통(名古屋情報通)

게 다양하게 넓게 유행으로 퍼져나갔다. 물론 그 원천적 배경엔 'K 콘텐츠 = 힙하다'는 일본 MZ세대들의 인식이 자리하고 있음은 부인할 수 없다.

디저트 강국 일본에서 'K-디저트'가 지속적으로 인기를 누리고 경쟁력을 갖춰가려면 어떻게 해야 할까. 위에 언급한 세 가지 특징을 유지하면서 본래 일본 디저트의 섬세함과 아기자기함을 더해가는 것도 선택지가 될 수 있겠다. 그런 K-디저트라면 일본을 넘어 세계에 통하지 않을까. K-디저트가 세계로 뻗어나갈 수 있을지, 일본 시장이 중요한 시험대가 되고 있다.

# 일본 MZ세대의
# 노는법

2026日本で流行っているもの

# 진화하는 가라오케

**부스는 좁다,
이제 일본은 무대에서 논다**

일본의 밤이 달라지고 있다. 예전엔 좁은 부스 안에서 친구들과 마이크를 돌려가며 노래하던 가라오케가 주류였다면, 이제는 무대와 조명이 있는 오픈형 공간에서 '쇼처럼' 즐기는 새로운 가라오케 문화가 확산되고 있다. 코로나19 이후 침체했던 나이트타임 경제가 회복세를 보이면서, 가라오케 업계가 다시 주목받고 있는 것이다.

대표적인 사례가 JR시나가와역 근처에 문을 연 'VoLTE TOKYO(보르테 도쿄)'다. 일본 최대 가라오케 기업인 다이이치코쇼(第一興商)가 만든 새로운 형태의 가라오케 라운지로, 화려한 상들리에와 대형 스크린, 바 카운터가 어우러진 '어른을 위한 놀이터'라는 콘셉트를 내세운다.

손님은 칵테일을 마시며 노래를 부르고, 다트나 테이블게임까지

VoLTE TOKYO(보르테 도쿄) 풍경. 대형 스크린을 보며 개방적인 공간에서 노래할 수 있다 ⓒ 닛케이신문

즐길 수 있다. 남성은 30분에 1,100엔, 여성은 880엔부터 이용할 수 있으며, 오후 5시부터 새벽 6시까지 문을 연다. 20세 미만은 입장할 수 없는 이곳은, 단순히 노래하는 공간이 아니라 "하루의 피로를 풀고, 일상에 작은 자극과 웃음을 더하는 곳"으로 자리 잡고 있다.

비슷한 시기, 도쿄 시부야에서도 또 다른 형태의 '진화형 가라오케'가 등장했다. GENDA 산하의 신코퍼레이션이 말레이시아에서 시작된 브랜드 'VSING(브이싱)'을 일본에 들여온 것이다.

브이싱은 개인 부스에서 혼자 노래하는 일반적인 일본식 가라오케와 다르다. 마치 콘서트 무대처럼 관객 앞에서 노래를 부르는 시스템이다. 재밌는 점은 관객들도 포인트를 사용해 무대 조명이나 스모크, 메시지 연출을 직접 추가할 수 있다. "엄청 좋다(めっち

마치 콘서트 무대처럼 관객 앞에서 노래를 부를 수 있는 'VSING(브이싱)' ⓒ 신코퍼레이션

ゃええ感じ)" "예쁘다(かわいい)" 같은 응원 문구를 대형 스크린에 띄우며, 관객과 가수가 함께 공연을 만들어가는 것이다.

이곳의 이용 요금은 2시간에 1,000엔부터이며, 전용 앱으로 예약할 수 있고, 앱은 영어, 중국어를 포함해 7개 언어를 지원해 외국인 관광객도 쉽게 접근할 수 있다. 시부야 1호점이 인기를 끌자, 운영사는 향후 5년 내 20개 지점으로 확대할 계획을 밝히기도 했다. 아이돌이나 아티스트와 협업해 특별 무대를 기획하는 방안도 검토 중이다.

코로나19로 큰 타격을 입었던 일본의 가라오케 시장은 이제 완전히 회복세다. 2025년 일본 데이코쿠데이터뱅크가 발표한 조사에 따르면, 2024년도 시장 규모는 약 3,200억 엔으로 코로나 이전 수준에 근접했으며, 2025년도에는 그 이상으로 성장할 가능성이 크다고 한다.

흥미로운 점은, 단순히 '옛날로 돌아가는 회복'이 아니라 '새로운 문화로의 진화'라는 점이다. 노래방은 더 이상 술자리 2차 코스로 소비되는 공간이 아니라, 사람과 사람이 연결되는 엔터테인먼트로 변하고 있다.

해외 관광객이 늘고, 일본 젊은 세대가 직접 즐기는 오락을 선호하면서, 이런 가라오케 공간은 일본의 밤 문화를 다시 뜨겁게 달구고 있다. '노래방'이라기보다 '무대 위의 경험'을 파는 곳으로, 일본식 나이트타임 이노베이션의 상징이 되고 있다.

부스 안에서 마이크를 잡던 시대에서 스포트라이트 아래 무대에 서는 시대로. 이 변화는 일본이 단순히 노래를 즐기는 문화를 넘어, '노래를 경험하는 문화'로 진화하고 있음을 보여준다. 밤이 조용하던 일본의 도시들에 다시 노래와 웃음소리가 퍼지고 있다. 그리고 그 무대 위엔, 새로운 세대의 감각과 일본 특유의 세련된 즐김이 함께 빛나고 있다.

# 술보다 밥

"술 먹을래?" 보다는
"밥 먹을래?"가 좋아!

드라마나 영화에서 묘사되는 저녁 무렵 일본 도심의 모습을 떠올리면 연상되는 그림이 있다. 회사 동료들이 술잔을 부딪치며 웃고, 형식적인 예의가 섞인 대화가 오가는 모습이다. 오랫동안 '일본식 인간관계'의 상징처럼 여겨져 왔지만, 최근 젊은 세대, 특히 MZ 세대의 선택은 다른 방향으로 이동하고 있다. 넓은 인맥을 쌓는 술자리보다는 가까운 사람과 식사를 하며 대화하는 시간을 중시하는 경향이 두드러지고 있다. 술잔이 놓였던 자리를 이제는 한 끼 식사가 대체되고 있는 것이다.

이 변화는 단순한 음주 습관의 차원을 넘어, 여가와 오프타임을 보내는 방식 전반이 달라지고 있음을 보여준다. 코로나 팬데믹을 거치며 "굳이 술자리에 나가지 않아도 된다"라는 경험이 확산되었고, 건강 관리와 자기 관리에 대한 관심이 높아지면서 음주를 줄이

일본의 술 ⓒ Japan Korea Dcily

는 선택이 일상적인 흐름으로 자리 잡았다. 지금은 술 대신 음식을 즐기거나 논알코올 음료를 선택하는 경우가 자연스럽게 관찰된다.

조사 결과도 이를 뒷받침한다. 일본 트렌드 연구소 SHIBUYA 109 lab.이 2024년에 20~24세 423명을 대상으로 실시한 조사에서, 응답자 10명 중 6명 이상이 "밤에 나가도 술을 마시지 않을 때가 있다"고 답했다. 또 65.9%는 "상대의 주량을 모를 때는 '술 마시자'보다 '밥 먹자'라고 초대한다"라고 응답했다. 이는 일본 사회 특유의 '거절을 피하는 문화'가 술 중심의 권유에서 식사 중심의 권유로 옮겨가고 있음을 시사한다.

공식 통계 역시 같은 방향을 보여준다. 일본 후생노동성이 20세 이상 국민들을 대상으로 실시한 2023년 국민건강·영양조사에서는 20대의 절반 이상이 "술을 거의 마시지 않는다" 혹은 "전혀 마시

생맥주
© unsplash

지 않는다"고 응답했다. 이는 음주가 더 이상 젊은 세대의 일상적 습관이 아니며, 특정 상황이나 기분 전환 차원에서만 소비되는 성격이 강해지고 있음을 보여준다.

또한 LINE 리서치가 2024년 5월, 전국 20~69세 남녀 4,800여 명을 대상으로 진행한 조사에서는 20대의 절반 이상이 "집에서 맥주를 마시지 않는다"라고 응답했다. 반면 40대 이상 남성의 경우, 10명 중 4명 이상이 "주 1일 이상 집에서 맥주를 마신다"라고 답해, 세대 간 차이가 뚜렷하게 드러났다.

세대별 소비 행태의 차이는 분명하다. 부모 세대가 하루를 맥주 한 캔으로 마무리한다면, 젊은 세대는 '굳이 술은 없어도 된다'라며 다른 선택지를 찾는다.

이 같은 변화는 기업들의 제품 전략에도 반영되고 있다. 산토리는 2025년 9월 논알코올 맥주 맛 음료 '더 베제루즈'를, 아사히는 같은 해 비음주자를 겨냥한 '윌킨슨 탄산 태그소바'를 출시하는 등 주요 주류 기업들이 논알코올 제품군을 적극적으로 확대하고 있다.

시장 데이터도 같은 흐름을 가리킨다. 산토리가 2024년 4월 수도권에 거주하는 20~60대 남녀 3만 명을 대상으로 진행한 조사에서는 일본 논알코올 음료 시장이 2023년 약 4,133만 케이스에서 2024년 4,191만 케이스로 늘었고, 최근 10년간 1.5배 이상 성장한 것으로 나타났다. 특히 제품 종류가 다양해지고 소비 빈도가 높아지면서, 논알코올 음료는 소비자들의 일상적 선택지로 자리 잡아가고 있다.

결국 MZ세대에게 중요한 것은 더 이상 술자리가 아니라 식사 자리다. '술보다 밥'이라는 흐름은 단순한 기호 차원을 넘어, 사람들과 관계를 맺는 방식과 시간을 소비하는 방식을 바꾸는 요인으로 작용하고 있다.

ぬい活

# 누이카츠

**2026**년에도 이어질
**'작은 가족'**과의 공존

일본 MZ세대의 여가 및 소비 트렌드에서 두드러지는 키워드 중 하나가 '누이카츠(ぬい活)'다. '누이카츠'는 '누이구루미 카츠도(ぬいぐるみ活動, 봉제인형 활동)'의 줄임말로, 좋아하는 캐릭터의 봉제인형을 가지고 일상과 여행을 함께하며 경험을 기록, 공유하는 활동을 말한다. 인형을 가방에 달거나 사진에 함께 담고, 잠들 때 곁에 두는 루틴은 '혼자지만 혼자가 아닌 감각'을 만들어낸다. 이 문화는 2025년 '신조어·유행어 대상' 후보에 오를 정도로 대중화되었고, 정서적 안정과 자기 표현 욕구가 맞물리며 2026년에도 주요 트렌드로 이어질 것으로 분석된다.

누이카츠는 본래 '오시카츠(推し活, 덕질)'의 연장선에서 출발했다. MZ세대는 인형을 일상적으로 소지하며, 뷰티 제품이나 음식, 낯선 풍경 등과 함께 사진을 찍어 SNS에 게시하는 '누이도리(ぬい

カフェで「ぬい」

アフヌンで「ぬい」

「ぬい」とピクニック

バッグに「ぬい」

「ぬい」と
キーホルダーでコーデ

©SHIBUYA109ENTERTAINMENT

누이카츠 ⓒ SHIBUYA109 엔터테인먼트 공식 홈페이지

撮り, 인형 사진 촬영)'를 통해 자기 취향을 드러내고 팬덤 안팎과 소통한다. 이는 단순히 귀여움을 전시하는 행위가 아니라, 디지털 공간에서 자신을 표현하는 또 하나의 언어로 작동하고 있다.

이 문화가 빠르게 확산된 배경에는 MZ세대의 독특한 심리적 경향과 소비 가치관이 있다. 팬데믹을 거치며 외부 활동 및 대면 접촉이 제한되는 환경을 겪으면서, 인형은 '마음의 버팀목'으로 인식되기 시작했다. 상당수의 MZ세대가 인형을 부적처럼 여기거나, 이름과 성격, 감정을 부여하며 정서적 안정을 얻고 있다. 이는 물건 자체의 가치보다 정서적 교감, 감정의 만족을 중시하는 '에모 소비(이모셔널 소비)' 성향과 정확히 맞물리는 현상이다.

누이카츠는 패션의 일부로도 확장되었다. MZ세대는 그날의 옷
차림에 맞춰 인형을 바꿔 들고, 직접 옷을 만들어 입히거나 소품을
조합하며 '전체 룩의 한 요소'로 활용한다. 과시보다는 애착을 드러
내는 방식이기 때문에 심리적 피로감이 적고, 인형의 작은 크기는
이동 동선을 방해하지 않는다. 사진에 담기는 비주얼 요소가 명확
하기 때문에 인스타그램이나 틱톡과도 잘 맞아 콘텐츠 확산 속도
도 빠르다.

문화가 자리 잡으면서 관련 서비스 역시 고도화되고 있다. 이러
한 서비스 시장의 성장은 2026년에도 MZ세대 여가 활동을 견인할
주요 동력이 될 것이다. 일부 미술관은 장난감 · 봉제류 전시에 '내
인형이 주인공이 되는 촬영 동선'을 설계하고, 워크숍 · 케어 레슨
을 결합해 체류 가치를 높이고 있다. 장기 전시와 스페셜 데이, 인
형 전용 포토존 등이 결합된 모델은 여러 지역에서 반복되며 누이
카츠의 강력한 콘텐츠 생산력을 증명하고 있다.

숙박업계에서도 변화가 나타났다. 호텔은 소액을 추가하면 인형 전용 침대와 가운을 제공하는 플랜을 마련해 '봉제인형과 함께하는 여행' 수요에 대응하고 있다. 베드 사이드 테이블에 놓인 작은 스테이지와 조명, 축소된 침구 세트 등 '작은 동반자'가 지낼 공간을 정식으로 갖춰주며 자연스럽게 사진 촬영과 SNS 업로드를 유도한다.

DIY와 홈케어 시장 또한 빠르게 성장했다. 수공예 전문점에서는 인형용 부품이나 소품을 모은 전용 코너가 늘었고, 취침 중에도 인형에 둘러싸여 있을 수 있게 고정해주는 베개 커버 같은 '오시카츠 인테리어' 상품이 연이어 출시되고 있다. 인형을 전문적으로 세탁·케어하는 '누이에스테' 역시 이용량이 증가하며 하나의 소규모 서비스 산업을 형성하고 있다.

문화의 외연은 더 넓어졌다. 지역 축구단은 관중석 한 줄을 마스코트 인형으로 채우고, 미술관은 폐관 후 일주일간 인형을 맡아두는 '인형 숙박 프로그램'을 운영한다. 나아가 MZ세대가 인형을 인격체로 대하는 문화가 심화되면서, 인형을 위한 '비일상적인 고급 체험' 서비스도 등장했다. 예를 들어, 인형 보육원은 인형을 맡기면 담당자가 고급 호텔 숙박, 전용 차량 견학 등 특별한 일과를 연출하고 그 기록을 '연락장'처럼 전달해 대리 만족을 얻고자 하는 MZ세대의 심리를 반영한다.

누이카츠는 MZ세대의 일상 한가운데 놓인 작은 무대다. 이 흐름은 2026년에도 지속될 것으로 보인다. 이유는 명확하다. 누이카츠의 근간은 IP(지적재산권) 산업에 있으며, 애니메이션, 아이돌 등의 IP가 활발히 생산되고 소비되는 한 인형 시장은 지속적으로 확대될 것이다. 숙박·전시·관광 산업은 '작은 동반자'를 위한 자리를 계속 마련할 것이며, 조명·공간 설계·케어 등 서비스는 점점 정교해질 것이다.

미술관은 작은 손님을 위한 자리를 비워두고, 호텔은 침대 옆에 또 하나의 침대를 둔다. MZ세대의 '작은 행복'을 추구하는 소비 경향은 일시적 유행이 아닌 문화적 표준으로 자리 잡았다. 향후에는 인공지능·AR 기술이 더해져 인형의 돌봄 기록을 이어가거나, '인형과 함께하는 가상 경험' 같은 새로운 소비 방식도 등장할 수 있다. 누이카츠는 단순한 취미가 아니라 정서적 웰빙과 자기 연출이 결합된 라이프스타일로 자리 잡았으며, 이 무대는 2026년에도 계속 커질 것이다.

# QOL 바쿠아게

## 휴식도 기술이다!
## MZ세대가 행복해지는 방법

최근 일본 MZ세대의 여가·오프타임 문화를 설명할 때 빠지지 않는 키워드가 'QOL 바쿠아게(QOL爆上げ, 삶의 질 향상)'이다. 삶의 질을 의미하는 QOL(Quality of Life)과 극적인 향상을 뜻하는 바쿠아게(爆上げ)가 결합된 이 표현은, 일상 속 작지만 확실한 변화를 통해 삶의 만족도를 최고치로 끌어올리는 경험을 가리킨다. QOL 바쿠아게는 과로와 불확실한 미래, 그리고 'Always-on' 업무 문화로 인한 시대적 피로감 속에서 탄생한 MZ세대의 치열하고도 실용적인 생존 전략이다.

MZ세대는 낮은 임금 인상률과 불안정한 사회 환경 속에서 거시적인 목표나 소유의 확대를 통한 '풍요로움' 대신 '통제 가능한 영역'인 일상에 집중한다. 이 트렌드는 '나의 시간과 정신 에너지'를 가장 귀한 자본으로 여기는 가치관에서 시작된다. 이들은 이 자본을 지키고 늘리기 위해 불필요한 노동과 시간 낭비를 극도로 경계하며, 이 시간을 돈으로 사서라도 자신의 재충전 시간을 확보하려 한다.

가장 먼저 젊은 세대에게 있어 집안일은 '자아실현과 휴식을 막는 방해물'로 인식되며, 가사 노동을 완전히 자동화하는 고가 가전에 대한 투자를 아끼지 않는다. 로봇청소기, 식기세척기, 자동 조리 냄비 등 가사 자동화 가전의 도입은 이들에게 소비를 넘어 '자유로운 시간을 구매하는 행위'로 정의된다. 이들의 목표는 '집안일 0분'을 달성하여, 확보된 시간을 취미나 자기계발, 또는 단순한 정적 휴식에 할애하는 것이다. 과중한 업무와 스트레스에 시달리는 MZ세대의 극심한 피로는 '목욕 캔슬 그룹(風呂キャンセル界隈)'이라는 신조어에서도 극명하게 드러난다. 피로에 굴복하여 샤워나 머리 말리기 같은 일상 루틴마저 포기하고 싶어지는 심리를 반영하며, 드라이 샴푸 같은 제품은 최소한의 청결을 유지해주는 '구원템'으로 자리 잡았다.

확보된 시간을 온전히 즐기기 위해 '여가 시작의 진입장벽'을 낮추는 것도 중요하다. 스마트 락, 자동 커튼, 스마트 조명 등 IoT 장치는 퇴근 후 '귀가 후 휴식 모드'를 가능하게 한다. 물리적 노동을 자동화함으로써 외부 스트레스를 집 문 앞에서 완전히 차단하고 즉각적으로 휴식 모드에 진입하도록 설계하는 것이다. 이는 오프타임의 질을 결정하는 이동 스트레스를 최소화하여 휴식의 효용성을 극대화한다.

トマトソースリガトーニ　　昆布締めの炙り丼　　おさかなカプレーゼ　　旬魚の中華あんかけ

加熱用　　　　　　　生食用　　　　　　　生食用　　　　　　　加熱用
ハーブオイルコンフィ　　昆布〆　　　ハーブオイルマリネ　　煮物用タレ漬け

제철 생선을 활용한 밀팩 구독 서비스 ⓒ Fishlle! 공식 홈페이지

시간을 확보하는 전략이 '양적 만족'을 추구한다면, 다음 단계인 정신적 에너지 보호 전략은 '질적 만족'에 집중한다. 여가를 피로를 덜어내고 자신을 정비하는 시간으로 사용하기 위해 MZ세대는 '나의 심리적 안정 구역'을 구축하고 지키는 데 주력한다.

MZ세대는 거창한 계획 대신 작은 행등 하나로 하루의 질감이 달라질 수 있다는 사실에 주목한다. 이들은 일상속에서 인지하지 못했던 미세한 스트레스의 원인을 찾아 제거하는 데 집착한다. 책상 위의 엉킨 케이블이나 맞지 않는 의자, 방 안의 공기 등 '사소한 불편함'에서 발생하는 불쾌감을 제거하는 것이 QOL 상승의 핵심이다. 이는 주변 환경의 '잡음'을 사전에 제거함으로써, 확보된 오프타임을 온전히 집중하여 보낼 수 있도록 보장하는 행위다.

이제 일상템이 된 노이즈 캔슬링 이어폰은 MZ세대에게 외부의 소음, 알림, 사회적 압박을 차단하여 '나만의 몰입 공간'을 확보하고 정신적 에너지를 보호하는 '경계 설정 도구'의 역할을 한다. 혼잡한 환경에서도 완벽한 '제3의 공간'을 창조하여 심층 독서, 사색, 명상 같은 고도의 정적 취미에 몰입할 수 있게 한다. 이러한 태도는 여가의 가치를 생산이 아닌 '회복'에 두는 방향으로 확실히 이동하고 있음을 보여준다.

MZ세대는 휴식을 자기 관리의 일부로 인식하며, 오프타임을 몸과 마음을 재조정하는 시간으로 활용한다. 이들은 여가 시간을 인간관계에서 오는 피로로 소비하지 않기 위해 AI 챗봇을 일종의 멘탈 케어 도구로 활용한다. 연애, 진로 같은 깊은 고민을 AI에게 상담하는 것은 '감정적 노동' 없이 객관적인 피드백을 얻어 정신적 부담을 즉각 해소하는 방식이다. AI는 MZ세대에게 가장 안전하고 신뢰할 수 있는 상시적인 심리 케어 솔루션 중 하나로 기능하고 있다.

QOL 바쿠아게는 일본 사회의 여가 문화를 '집 중심 힐링'으로 재정의하고 있다. 시간과 정신 에너지를 확보한 MZ세대는 외부 활동보다 '나만의 공간'을 최고 수준의 리조트로 만드는 데 투자한다. 확보된 시간을 홈 카페, 홈 시네마, 혹은 정적 취미에 투자하며, 고품질의 커피 메이커, 빔 프로젝터, 전문 장비 등을 갖춘 '집 중심' 힐링이 고도화되고 있다. 여행의 목적도 '화려한 경험'에서 '온전히 혼자 쉴 수 있는 공간'을 찾아 떠나는 부담 없는 체류(소규모 여행)로 변화하며, 집에서 얻을 수 없는 독특한 분위기와 '자연계(自然界限)' 힐링을 추구한다.

앞으로 QOL 바쿠아게 트렌드는 일종의 생활 전략처럼 기능할 가능성이 높다. 외부 환경의 불안정성이 커질수록 사람들은 자신의 일상에서 확실히 조절할 수 있는 영역을 중심으로 삶의 구조를 재정비한다. 그 결과 여가는 거창한 변화 없이도 삶이 조금씩 나아지는 순간을 발견하는 이 세대의 기본값이 되었다.

결국 QOL 바쿠아게는 MZ세대가 만든 새로운 언어이다. 빠른 변화 속에서 균형을 되찾는 법, 자신의 리듬을 기준으로 살아가는 법을 담고 있다. 이후의 일본 시장은 이들의 요구에 맞춰 '시간을 벌어주는 제품과 서비스', '확보된 시간을 고품질로 채워주는 체험재' 시장이 더욱 폭발적으로 성장할 것이며, 이들의 실용주의적 생활 방식은 일본 사회의 전반적인 시스템과 문화를 재조정하는 가장 중요한 동력이 될 전망이다.

エレベータープリ

# 에레베타 푸리

지금껏 이런 각도는 없었다...
포샵 없이 더 힙하게!

요즘 핫한 사진, 바로 '에레베타푸리(エレベータープリ)'. 말하자면 '엘리베이터 같은 공간에서 찍는 사진'이다. 한국에서 시작된 이 문화가 2024년 2월 신오쿠보에 상륙하면서 단숨에 일본 MZ세대의 주목을 받았고, 최근 최대 2시간 이상 줄을 서서 찍는 인기 아이템으로 자리 잡았다.

에레베타푸리의 매력은 촬영 부스를 아예 엘리베이터처럼 꾸며 놓았다는 점이다. CCTV 각도에서 찍힌 것 같은 구도, 무채색과 메탈·거울이 만들어내는 무드 덕분에, 기존 스티커 사진과는 완전히 다른 독특한 사진이 완성된다. 화려한 배경이나 과한 뷰티 필터 대신, 도시적인 레트로 감성이 중심이 되는 것도 MZ세대의 취향을 제대로 저격한 부분이다.

특히 카메라가 엘리베이터 CCTV 위치에서 내려다보는 하이 앵

에레베타 푸리를 재현 중인 아나운서 하라다 아오이(原日葵) ⓒ 메자마시 방송 캡쳐

글을 유지하고 있어, 찍기만 해도 비율이 좋아 보인다는 점이 큰 장점. 고개를 살짝 들고 손을 뻗으면 얼굴은 작아 보이고, 다리는 더 길어 보인다. 스마트폰 카메라에서도 흔히 쓰는 "극강의 하이 앵글 테크닉"이 자동으로 적용되는 셈이다. 게다가 거울 벽면을 활용해 뒤태와 앞모습을 동시에 담은 사진, 메탈과 조명이 만드는 시크하고 힙한 이미지까지… 기존 사진 기기에서는 볼 수 없던 구도들이 인기를 끌고 있다.

특이한 점은 거의 포토샵을 하지 않는다는 것이다. 일본의 기존 스티커사진 기기는 눈 키우기, 얼굴형 보정, 미백 등 다양한 포토샵 기능이 기본이지만, 에레베타푸리는 의도적으로 필터를 최소화한 레트로한 화질을 택했다. "너무 꾸미는 건 이제 촌스럽다", "날것의 느낌이 더 힙하다"는 MZ세대 특유의 감성이 반영된 결과다. 실제로 사용자들은 "CCTV에서 캡처한 영상 같은 느낌이 오히려 느낌 있다"라며 열광한다. 일부 기기는 촬영 중 영상을 자동으로 남겨 주는데, 이 '메이킹 영상' 또한 각종 SNS에서 인기를 끄는 중이다.

사실 스티커 사진, 프린트 사진 문화는 1995년 첫 등장 이후 일본 10대들의 오래된 놀거리였다. 하지만 이번처럼 새로운 콘셉트로 재해석되어 다시 '붐'이 된 것은 매우 오랜만이다. 2000년대 초반 스티커 사진 전성기가 귀엽고 화려한 스타일을 중심으로 했다면, 지금의 에레베타푸리는 훨씬 도시적이고 차분하며 미니멀한 감성에 가깝다. 같은 사진이라도 세대별 취향에 따라 전혀 다른 형태로 진화하고 있는 셈이다.

SNS도 이 유행을 폭발적으로 키웠다. 틱톡·인스타그램에는 '#エレベータープリ' 태그가 이미 수십만 건 이상 있으며, 포즈 추천, 촬영 팁, 메이킹 영상 등 2차 창작 콘텐츠가 끊임없이 업로드된다. 심지어 "아이와 함께 체험해봤다", "요즘 애들 감성 보고 왔다"는 부모 세대의 후기까지 늘며, 이 트렌드는 단순한 10대 유행을 넘어 세대가 함께 즐기는 가벼운 문화로 확장되는 분위기다.

한국에서 건너온 이 트렌드는 일본 로컬에서 또 한 번 새롭게 재탄생하며 문화적 의미를 넓히고 있다. 단순히 사진을 찍는 것을 넘어, '촬영 자체가 놀이', '일상 공간을 새로운 시선으로 바라보는 감각', '특별한 각도', '포샵 없이도 멋있어 보이는 시대의 취향'을 상징하는 현상이기 때문이다.

# 수직형 숏 드라마

## 3분 안에
## 울고 웃는 드라마

TikTok, YouTube 쇼츠, Instagram 릴스 등, 세로형 플랫폼의 확산으로 인해 짧은 시간에도 즐길 수 있는 콘텐츠가 일상속에 깊이 스며들었다. 이른바 '수직형 숏 드라마(縦型ショートドラマ)'는 출퇴근길, 점심시간, 잠들기 전 등 일상의 틈새 시간을 파고들며 새로운 형태의 영상 엔터테인먼트로 자리 잡기 시작했다.

1화 1~3분 이내의 짧은 러닝타임 안에서 감정의 흐름을 압축적으로 전달하는 이 포맷은 특히 시간 대비 효율을 중시하는 일본의 10~20대를 중심으로 빠르게 확산 중이다. 불과 몇 년 사이, 일반 크리에이터뿐 아니라 방송국 · 제작사 · 광고주까지 수직형 포맷 전용 시리즈 제작에 참여하며 '손안에서 완결되는 이야기'가 하나의 독립 장르로 정착했다.

이 성장의 주요 동력은 숏폼 콘텐츠의 '길이 연장' 전략이었다.

닛테레 공식 숏 드라마『毎日はにかむ僕たちは。』ⓒPR Times

플랫폼 기업 및 각 채널이 이용자의 체류 시간을 늘리기 위해 실험을 거듭한 결과, 콘텐츠가 짧을수록 이탈률이 높고, '30초짜리 6개'보다 '3분짜리 1개'가 몰입도·알고리즘 평가 모두에서 유리하다는 사실이 밝혀졌다. 이 과정에서 단순한 짧은 클립이 아닌 애니메이션·콩트·드라마 등 스토리텔링 기반 장르가 자연스럽게 '시청되는 포맷'으로 부상하기 시작했다.

짧은 시간 동안 감정을 극대화하기 위한 연출 기법도 정교해졌다. 복수나 흙탕물 연애(泥沼恋愛)처럼 감정의 기복이 큰 서사를 압축해 전달하거나, 다음 이야기를 궁금하게 만드는 결정적인 단서를 남겨 연속 시청을 유도하는 전략이 대표적이다. 이러한 감정 압축형 서사는 숏폼의 속도감과 맞물리며 짧은 시간 안에서도 서사적 완결과 감정 몰입을 동시에 실현한다.

제작 환경도 빠르게 전문화되고 있다. 수직형 프레임의 한정된

공간을 효율적으로 활용하기 위해 학교, 오피스, 바 등 다양한 세트를 소형화, 모듈화한 전문 촬영 스튜디오가 등장했다. '곳코구락부(ごっこ倶楽部)' 같은 수직형 숏 드라마 전문 크리에이터 팀은 점차 영향력을 확대하며 새로운 제작 생태계를 형성하고 있다. 또한 기존 방송국, NTT도코모, 요시모토흥업 등 주요 기업과 협력해 전용 채널 및 플랫폼을 구축하며 콘텐츠의 품질과 전문성을 높이고 있다.

이 흐름은 기존 SNS 플랫폼을 넘어 'FOD SHORT'나 'BUMP' 같은 전문 숏 드라마 플랫폼의 출현으로 이어졌다. 이들은 웹툰과 유사하게 '초반 무료, 이후 1화당 유료 고급'하는 모델을 도입하고 있다. 이는 숏 드라마가 단순한 바이럴 콘텐츠를 넘어 '지불할 가치가 있는 콘텐츠'로 인정받기 시작했음을 증명한다.

기업 광고 또한 이 시장으로 빠르게 진입하고 있다. 브랜드들은 직접적인 홍보 대신, '감동적인 이야기' 형태로 메시지를 전달하는 브랜디드 숏 드라마를 선보이고 있다. 이러한 접근은 광고를 '보여주는 것'이 아니라 '이야기 안에서 느끼게 하는 방식'으로 시청자에게는 광고가 아닌 하나의 콘텐츠로 받아들여지게 한다. 그 결과 광고에 대한 거부감은 줄고, 브랜드에 대한 호감도는 자연스럽게 높아지게 된다. 특히, "광고인데도 엄청 울었어!" 같은 직접적인 감정 피드백은 이 포맷이 단순한 광고를 넘어 하나의 문화적 경험으로 기능하고 있음을 보여준다.

수직형 숏 드라마는 단순히 길이가 짧은 영상 콘텐츠를 넘어,

MZ세대의 감정적 소비와 시간 효율성을 극대화한 새로운 콘텐츠 언어로 자리 잡았다. 이 포맷은 '시간 대비 효율'이라는 합리적 요구와 '이야기 소비'라는 감성적 욕구를 동시에 충족시키며, 콘텐츠의 기획, 제작, 유통 방식 전반에 변화를 일으키고 있다. 특히 '광고인데도 재미있는' 이야기를 통해 브랜드에 대한 거부감을 낮추고, 시청자 참여와 피드백을 유도하는 쌍방향 문화적 경험의 장을 만들어내고 있다.

결국, 수직형 숏 드라마는 디지털 시대의 새로운 흐름이자 중요한 축으로 자리한 장르라 할 수 있다. 짧지만 밀도 높은 서사를 통해 '효율적인 시간 소비'는 '감정의 교류'로 확장되고, 콘텐츠는 단순한 정보 전달을 넘어 세대를 연결하는 감정의 언어가 되고 있다. 2026년 이후, 일본의 미디어 시장은 이 짧지만 깊은 이야기의 형식을 중심으로 새로운 소비와 공감의 문법을 써 내려가게 될 것이다.

2026日本で流行っているもの

# 일본 MZ세대는
# 이렇게 예뻐지고 있다

2026日本で流行っているもの

# 美容day

# 미용데이

## 하루쯤은
## 나를 위한 날

    일본의 MZ세대 사이에서는 자신을 위한 특별한 하루를 설정해 미용과 자기관리에 집중하는 이른바 "미용데이(美容day)"라는 개념이 꾸준히 나타나고 있다. 공식 제도나 학술 용어는 아니지만 개인이 일상속에서 자발적으로 사용하는 표현이다. 예를 들어, 일본 블로그 플랫폼 '아메바 블로그'에는 "오늘은 미용데이(今日は美容day)"라는 제목으로 헤어·피부 관리부터 운동, 쇼핑까지 하루를 채운 일상 기록이 다수 올라와 있다.

    미용데이는 일정한 패턴으로 진행된다. 먼저 헤어 관리(커트, 염색, 트리트먼트)와 피부 관리(피부과 시술, 에스테틱, 마사지)가 중심을 이루고, 여기에 네일, 스파·온천, 코스메틱 쇼핑이 곁들여진다. 일본 여성 잡지 'eclat 온라인'에서는 이처럼 하루 전체를 자기관리로 꽉 채우는 것을 "하루 종일 미용데이(丸ごと一日美容Day)"라고

미용데이 관련 콘텐츠들
ⓒ minimo room
공식 홈페이지

부르며, 미용실 → 점심 → 피부관리 → 쇼핑 → 스파로 이어지는 루틴을 소개한 바 있다.

흥미로운 점은 '몰아서 한 번에 관리한다'라는 방식이다. 일본 라이프스타일 플랫폼 Lemon8에서는 '월 1회 몰아서 하는 미용 데이(月1詰め込み美容day)'라는 제목의 경험담이 공유되고, 인스타 릴스에서는 사회초년생들뿐만 아니라 젊은 엄마들까지 바쁜 육아 일정 속에서도 '월 1회 미용 데이(月一美容デー)'를 정해 효율적으로 자기관리를 이어가는 모습이 확인된다. 즉, 미용 데이는 단순한 유행이 아니라 시간 관리와 자기 관리가 결합된 생활 습관으로 자리 잡고 있음을 보여준다.

SNS와 영상 콘텐츠에서도 '미용데이'는 하나의 포맷처럼 활용되고 있다. 인스타그램 관련 해시태그 게시물은 24만 건을 넘어섰고, 조회수 100만을 돌파한 릴스도 적지 않다. 이는 '미용데이'가 조회수를 끌어들이는 키워드로 기능하며, 뷰티 관리가 눈에 띄는 시각적 변화를 보여주고 동세대의 공감을 얻기 쉬운 특성이 반영된 결과라 할 수 있다.

기업 차원에서도 '미용데이'라는 개념은 활용되고 있다. 일본 최대 뷰티 플랫폼 '앗토코스메(@cosme)'는 매년 연말 '@cosme BEAUTY DAY'라는 행사를 열어 3일간 한정 아이템과 특별 세트, 포인트 보상 등을 제공한다. 개인이 일상에서 설정하는 미용데이가 자기 관리의 루틴이라면, 기업은 이를 소비 이벤트로 확장해 '특별한 뷰티데이 경험'을 제안하는 방식으로 응용하는 셈이다.

이처럼 개인의 실천과 기업의 활용이 맞물려 '미용데이'라는 개념이 확산되고 있는 배경에는 몇 가지 문화적 맥락이 깔려 있다. 첫째, 효율성 중시. 주간 단위가 아니라 월 단위로 시간을 모아 자기관리에 투자하는 방식이 선호된다. 둘째, 셀프케어의 확산, 외형

관리뿐 아니라 정신적 휴식과 리프레시까지 포함하는 자기 관리가 강조된다. 콘텐츠화의 용이성. SNS에서 공유하기 쉬운 특성이 있어 지속적으로 재생산된다.

종합하면, 일본 MZ세대의 미용데이는 단순한 일상의 표현을 넘어 자기관리 리추얼이자 라이프스타일 트렌드로 발전하고 있다. 블로그와 Vlog, 온라인 플랫폼의 실천 사례, 그리고 대형 뷰티 기업의 마케팅까지 더해지며, 앞으로도 일본 MZ세대의 소비와 자기관리 문화를 이해하는 핵심 키워드로 자리매김할 가능성이 크다.

くるみちゃんヘア

# 쿠루미짱 헤어

## 애니 속 머리,
## 현실에서 통했다

'쿠루미짱 헤어(くるみちゃんヘア)'는 한일 모두 큰 인기를 끈 만화 · 애니메이션 〈너에게 닿기를(君に届け)〉의 캐릭터 쿠루미자와 우메(胡桃沢 梅)에서 시작됐다. 옆머리를 모아 작은 사이드 번을 만드는 것이 특징인데, 작품 속 이미지가 현실 속 트렌드로 이어지며 10대와 20대 사이에서 확실히 자리 잡았다. 지금은 단순한 캐릭터 오마주를 넘어 하나의 독립적인 스타일로 정착한 모습이다.

트렌드 조사에서도 이러한 인기는 뚜렷하게 나타난다. 일본 미디어 'Trepo'는 2025년 트렌드 헤어스타일로 '쿠루미짱 헤어'를 소개하며 '사이드 하프업×번 스타일이 귀엽다고 화제', 10~20대 여성들 사이에서 큰 인기를 얻고 있다고 전했다. 2025년 6월 MZ세대 대상 리서치 플랫폼 '마이나비 Teens/Marketing Lab'의 '10대 여학생 트렌드' 조사 모노 부문에서도 5위를 차지했는데, 실제 졸

登場人物

胡桃沢 梅【くるみ】
（くるみざわ うめ）
CV: 平野綾

可愛らしくて人形のような顔立ちをする１年生の人気者。
中学時代から美しい容姿を誇っているが、不器用でも裏の顔でも
色白ちを隠えるのが上手し。それに因える秘密を見て恋の終わりを
する。本当の人つじゃないし、少しずつ本当に心を許すようになっていく。

**쿠루미짱 헤어**
ⓒ『君に届け
3RD SEASON』 공식 사이트

업식에서 이 헤어스타일을 한 학생이 많았다는 의견도 있어 실질적인 인기도를 보여주었다.

10대 전문 매체 역시 이 흐름을 짚었다. 패션 잡지 사이트 'Seventeen Web'은 2025년 7월, 여고생들 사이에서 유행한 '키미니 도도케 푸리(君に届けプリ)'―〈너에게 닿기를〉 캐릭터 콘셉트를 살린 스티커 사진―를 소개하며, 작품 속 주인공 '사와코'와 '쿠루미'의 헤어스타일을 친구끼리 나눠 연출하는 '커플 스티커 사진'이 인기라고 전했다. 팬덤을 넘어, 캐릭터를 테마로 한 놀이 문화 속에서 자연스럽게 소비되는 모습이다.

미용실 현장에서도 인기가 체감된다. 일본 최대 규모의 미용·뷰티 예약 플랫폼 HotPepper Beauty 사이트에도 "최근 인기"라는 설명과 함께, 오시카츠(推し活·아이돌 팬 활동)나 라이브 공연에

어울리는 스타일로 쿠루미짱 헤어를 추천하는 포스팅이 잇따라 올라왔다. 도쿄뿐 아니라 다양한 지역의 미용실에서도 동일한 트렌드가 언급되고 있어, 실제 현장에서의 수요가 전국적으로 확산되고 있음을 보여준다.

SNS와 인플루언서의 영향도 크다. 2025년 1월에는 일본 유명 인플루언서 노아(希空)의 쿠루미짱 헤어 사진이 TBS NEWS DIG 기사로 다뤄졌고, 유튜브와 인스타그램에서는 '쿠루미짱 헤어 5 STEP 만드는 법', '헤어 고정 요령' 같은 숏폼 튜토리얼이 이어지며 누구나 쉽게 따라 할 수 있는 스타일로 자리 잡았다.

SNS에서는 헤어스타일 만드는 방법과 팁을 알려주는 영상과 릴스가 꾸준히 업로드되며, 하프업과 사이드 번 같은 핵심 포인트가 여러 번 소개됐다. 이러한 콘텐츠는 일반 사용자들의 재현 가능성을 높이고 확산을 더욱 가속화한 요인으로 볼 수 있다.

쿠루미짱 헤어는 트렌드 분석 자료에서부터 학교 행사, 패션 잡지와 살롱, 그리고 SNS까지 전방위적으로 존재감을 드러내고 있다. 단순한 캐릭터 재현을 넘어, 일본 MZ세대—특히 10~20대 여성들 사이에서 '지금 실제로 통하는' 인기 스타일로 굳어가고 있음을 알 수 있다.

# 레이와 갸루

## 화장보다
## '마인드'를 입다

한때 일본 거리 패션을 상징하던 '갸루(ギャル)'. 짙은 화장, 새까맣게 그을린 피부, 부풀린 헤어스타일로 대표되던 그 이미지가 다시 주목받고 있다. 하지만 지금의 '레이와(令和) 갸루'는 단순한 외형적 유행이 아니라, 내면의 태도와 라이프스타일로 확장된 문화적 개념으로 진화했다. 즉, '보이는 나'보다 '어떻게 살아가느냐'가 더 중요한 시대의 갸루다. 참고로 '레이와(令和)'는 현재의 연호, 즉 2019년 이후 일본의 시대 명을 뜻하는데, 한국으로 치면 '2020년대'라는 말과 비슷한 감각이다.

과거의 갸루가 패션과 메이크업을 통한 자기표현이었다면, 레이와 시대의 갸루는 여기에 '마인드'라는 새로운 축이 더해졌다. 이른바 '갸루 마인드'란 "내가 좋아하는 것을 끝까지 밀고 나간다", "남의 시선에 휘둘리지 않는다", "밝고 강하게 살아간다"라는 태도를 의미한다. 이는 불확실한 시대를 살아가는 일본 MZ세대가 스스로를 지탱하기 위해 찾은 하나의 정신이기도 하다. 코로나19 이후 사회 전반의 불안감과 폐쇄적인 분위기가 짙어진 상황에서, 이런 긍정적이고 자존감 중심의 사고는 많은 젊은이에게 '자기다움'을 유지하는 지침으로 작용하고 있다.

이제 '갸루 = 화려함'이라는 등식은 더 이상 절대적이지 않다. 까무잡잡한 피부의 '갸루'뿐 아니라, 하얀 피부의 '시로갸루(白ギャル)', 자연스러운 '청초 계열 갸루(清楚系ギャル)' 등 갸루의 형태는 무한히 다양해지고 있다. 헤어 컬러 역시 금발뿐 아니라 브라운ㆍ애쉬ㆍ흑발까지 폭넓게 존재하며, 아이 메이크업도 '진하게 그리는 것'에서 '자연스럽게 본연의 매력을 살리는 것'으로 변화했다. 이모든 흐름의 공통점은 '트렌드를 따르되, 나에게 맞는 스타일을 즐긴다'라는 자율성이다. 즉, '갸루 마인드'만 있다면 외형은 자유롭다는 가치관이 자연스럽게 정착했다.

흥미로운 점은 갸루가 세대를 초월한 개념으로 자리잡고 있다는 것이다. 과거엔 10~20대 초반 여성의 전유물이었지만, 지금은 30~40대가 된 '갸루 1세대'가 직장인 혹은 엄마로서 여전히 갸루 감성을 유지한다. 딸과 함께 메이크업을 공유하는 '모녀 갸루' 현상도 등장했다. 이는 갸루가 단순한 유행이 아닌 삶의 철학, 즉 '자기 긍정의 문화'로 자리 잡았다는 증거다. 또한 SNS에서는 현실에서는 차분한 모습으로 살지만, 온라인 공간에서는 '버추얼 갸루'로 자신을 표현하는 이들도 늘고 있다. 물리적 한계를 넘어선 '정신적 아

이덴티티'로 확장된 것일지도 모른다.

　이러한 갸루 리바이벌의 중심에는 미디어와 인플루언서의 역할
도 크다. 일본 웹매거진 egg와 nuts는 '갸루마인드'를 기반으로 한
라이프스타일 콘텐츠를 발신하며, 유우차미(ゆうちゃみ), 미쵸파(み
ちょぱ), 후지타 니콜(藤田ニコル) 등의 유명 인플루언서들 또한 각
자의 방식으로 '현대형 갸루상'을 재정의했다.

　한때는 '사라진 문화'로 여겨졌던 갸루는 지금 다시 일본 MZ세
대의 중심으로 돌아왔다. 그 이유는 단순하다. '갸루'는 외모가 아
니라 '자기긍정'의 상징이기 때문이다. 자신의 '좋아함'을 숨기지
않고, 남의 시선보다 자신을 믿는 태도. 그 본질은 시대가 바뀌어도

변하지 않는다. 지금의 갸루는 단순한 패션이 아닌, "자신의 가치관을 당당히 표현하는 생존 방식"으로 존재한다. 레이와 시대의 갸루는 여전히 진화 중이며, 앞으로도 일본 젊은 세대의 '정신적 트렌드'로서 자리할 것이다.

サナ活

# 사나에 패션

일본 첫 여성 총리,
'사나에 패션'이 말한다

일본 정치사에 새로운 한 장이 열렸다. 2025년, 다카이치 사나에(高市早苗)가 일본 최초의 여성 총리로 취임한 것이다. 보수적인 일본 정치 구조 속에서 여성이 총리직에 오르는 건 역사적인 일이었다. 하지만 흥미로운 점은 일본 사회가 그녀를 주목하는 이유가 단지 '정치력' 때문만은 아니라는 것이다. 지금 일본에서는 다카이치 총리의 패션과 이미지 변화가 하나의 사회 현상으로 떠오르고 있다.

다카이치 총리는 과거부터 강한 발언력과 단호한 태도로 유명했다. 진한 붉은 립, 선명한 직선 눈썹, 각 잡힌 재킷, 이 모든 것이 '강한 여성상'을 연상시키는 이미지를 만들어냈다. 그러나 최근 TV나 잡지 속 그녀의 모습은 조금 달라졌다. 카리스마는 그대로지만, 그 안에 부드러움과 여유가 더해진 것이다. '사나에 패션'이라는 말이 등장할 정도로, 그녀의 스타일 변화는 단순한 옷차림 이상의 메시지를 던지고 있다.

특히 눈에 띄는 변화는 '눈썹'이다. 예전에는 각이 뚜렷한 직선형 눈썹으로 강렬한 인상을 주었다면, 지금은 자연스러운 곡선으로 바뀌어 얼굴 전체가 한결 부드러워졌다. 도쿄의 아이브로우 살롱 'DIAMOND EYES' 대표는 닛케이신문 인터뷰에서 이렇게 설명한다. "1985년 남녀고용기회균등법이 제정될 당시에는 여성의 자립심이나 강한 의지를 표현하기 위해 두껍고 직선적인 눈썹이 유행했습니다. 하지만 이제는 힘을 살짝 뺀 자연스러운 눈썹이 주류가 되었죠."

이어 "강한 의지를 유지하면서도 부드러운 인상을 주는 것이 중요하다"라며, "리더로서의 신뢰감과 인간적인 따뜻함을 동시에 표현할 수 있다"라고 덧붙였다. 즉, 리더십의 기준이 '지배력'에서 '공감력'으로 이동하고 있음을 보여주는 변화다.

이러한 변화는 패션에서도 확실히 드러난다. 예전엔 어깨선이 뚜렷한 파워수트로 강인함을 강조했다면, 지금은 어깨의 각을 줄이고 곡선을 살린 실루엣으로 부드럽고 우아한 이미지를 완성한다. 직선과 곡선의 조화를 통해 만들어지는 '강하지만 부드러운 리더십'. 이는 단순한 스타일 변화가 아니라, 지금 일본 사회가 추구하는 새로운 리더의 상(像)을 반영한다.

패션 브랜드들의 움직임도 이를 뒷받침한다. 일본 오더메이드 수트 브랜드 'KASHIYAMA'의 여성 고객 매출은 2025년 3월, 전

2024년 9월에는 뚜렷하고 강한 인상의 눈썹이었으나, 1년 사이 훨씬 부드럽고 자연스러운 눈썹으로 변화했다 ⓒ 교도통신, 닛케이신문 홈페이지

년 동월 대비 78% 급증했다. 특히 5만 엔대의 맞춤 재킷이 인기를 끌고 있다. 일본 여성복 브랜드 '케이미(kay me)' 역시 출장 중 세탁이 가능하고, 구김이 잘 가지 않는 고기능성 소재의 비즈니스웨어를 선보이며 '일하는 여성의 현실'을 반영했다. 케미 준코(毛見純子) 케이미 대표는 "여성 고객들은 남성 임원들의 수트와 비교해도 전혀 뒤처지지 않을 만큼, 고급스러운 소재감과 정교한 재단을 중시한다. 지성과 품격을 드러내면서도 자신만의 존재감을 표현하려 한다"라고 말한다.

결국 다카이치 총리의 패션은 '여성 리더가 사회 속에서 어떻게 자신을 표현할 것인가'라는 질문과 닿아 있다. 이전 세대가 '남성과 대등하게 보이기 위한 강함'을 추구했다면, 지금의 일본은 '공감과 신뢰를 이끄는 부드러운 강함'을 원한다. 이 흐름은 단지 정치인

우아하고 유연한 분위기를 풍기는 직선적인 강함과 곡선적인 부드러움이 조화된 다카에치 총리의 재킷 ⓒ 닛케이신문

만의 이야기가 아니다. 회사, 학교, 그리고 일상속에서도 '부드러운 리더십'을 상징하는 패션이 하나의 유행 코드로 자리 잡고 있다.

다카이치 사나에의 변화는 일본 사회가 바라는 새로운 여성 리더상의 탄생을 보여준다. 그리고 그 언어가 '패션'이라는 점이 흥미롭다. "이걸 입으면 주변에서 튀지 않을까?", "가볍게 보이지 않을까?" 그동안 직장 내에서 각자 마음속에 품고 있던 일본 여성들의 '복장에 대한 고민'이 다카이치 총리의 등장으로 일본 사회 전체의 화두가 되었다. 2025년 일본의 패션 트렌드 키워드 중 하나는 아마도 '사나에 패션'일지도 모른다.

# 다코칸 메이쿠

## 예쁨은 기본,
## '행복해 보이는 얼굴'은 스펙!

요즘 일본에서는 '예쁨'보다 '행복해 브이는 인상'이 더 큰 주목을 받고 있다. 그 흐름의 중심에는 '다코칸 메이쿠(多幸感メイク)', 즉 '행복감이 얼굴에 드러나는 메이크업'이 있다. 과거에는 얼굴의 윤곽을 또렷하게 잡고, 인상을 '보정'하는 것이 미의 기준이었다면, 지금의 MZ세대는 '얼마나 예뻐 보이느냐'보다 '얼마나 행복해 보이느냐'를 더 중요하게 여긴다. 꾸며낸 완벽함보다, 자연스러운 온기와 감정이 느껴지는 인상이 더 매력적으로 보여지는 시대로 전환된 것이다.

'다코칸(多幸感)'은 문자 그대로 '행복이 가득한 느낌'을 뜻한다. 이 메이크업이 추구하는 것은 피부 속에서 자연스럽게 번지는 생기와 편안한 분위기, 즉 내면의 건강함과 긍정적인 에너지가 드러나는 얼굴이다. 메이크업은 결점을 가리는 행위를 넘어, 감정의 온

잡지 『美的』
2025년 12월호 통상판
ⓒ『美的』공식 홈페이지

도를 시각화하는 도구로 기능하며, '스스로를 위해 화장하는' 과정
에서 자기 확신과 안정감을 얻는 웰빙의 일환으로 자리잡고 있다.

이 트렌드가 확산된 배경에는 SNS 문화와 포지티브한 가치관이
자리한다. MZ세대는 SNS를 일상의 자기표현 공간으로 활용하며,
그 안에서 점차 자신의 긍정적인 경험과 감정을 공유하려는 문화
를 만들어가고 있다. 그 결과, '행복해 보이는 얼굴'은 하나의 미적
코드로 자리 잡았다. 한때 유행했던 '아카누케(垢抜け) 메이크업'이
'세련됨'과 '촌스러움'을 구분 짓는 타인의 시선을 위한 기준이었다
면, '다코칸 메이크업'은 반대 선상에 있는 '불행해 보이는 얼굴'을
경계한다. 즉, 미적 지향점은 '멋져 보이기'에서 '행복해 보이기'로,

'타인의 시선을 위한 화장'에서 '자신의 기분을 위한 화장'으로 이동하고 있다.

다코칸 메이크업은 기술보다 '균형감'에 가깝다. 진한 보정 대신 피부 속에서 은은히 번지는 윤기와 혈색, 그리고 빛의 여백이 얼굴 전체의 분위기를 완성한다. 여기서 핵심은 과도한 윤곽 강조나 대비를 피하고 투명한 광택과 자연스러운 생기를 통해 "이 사람, 요즘 행복하구나"라는 인상을 남기는 것이다.

구체적으로, 볼에는 웃을 때 가장 높은 위치에 연한 핑크 톤을 가볍게 얹고, 입술은 경계를 또렷하게 그리기보다 손끝으로 톡톡 두드려 자연스러운 생기를 남긴다. 눈썹은 한 톤 밝은 아치형으로 부드럽게 정돈하고, 베이지 톤 섀도우와 가벼운 마스카라로 따뜻한 시선을 더한다. 특정 부위를 강조하기보다 피부 질감, 혈색, 하이라이트의 균형을 맞추는 순간, '행복해 보이는 얼굴'이 완성된다.

MZ세대에게 이 트렌드는 '행복해 보이고 싶다'라는 욕망보다, '행복할 때의 나를 닮고 싶다'라는 정체성의 표현에 가깝다. 메이크업은 외적인 변화를 위한 '가면'이 아니라 자신의 감정을 비추고 긍정하는 '거울'이 된 셈이다. TikTok에서는 "#多幸感メイク" 해시태그 아래 "이 메이크업을 하면 기분이 좋아져요"라는 메시지가 빠르게 확산되며, 뷰티가 단순히 외모를 꾸미는 행위를 넘어 자신을 위로하고 정서적으로 조율하는 루틴으로 진화했음을 보여준다.

일본 주요 브랜드들 역시 이 트렌드에 발맞춰 '효능 중심'에서 '감정 중심'의 언어로 소구점을 전환하고 있다. 예를 들어, SUQQU

는 홀리데이 시즌 캠페인에서 "따뜻함과 윤기로 가득 찬, 다코칸이 넘치는 홀리데이 메이크업(温かみと艶に満ちた、多幸感溢れるホリデーメイク)"처럼 다코칸을 직접적인 소구 포인트로 내세웠다. 한국 색조 브랜드들 역시 일본 시장에서 '행복이 흘러넘친다'는 감정 언어를 마케팅 핵심 문구로 채택하고 있다. 이러한 변화는 2025년 일본 뷰티 시장이 '나를 긍정하고, 행복을 전파하는 감성적 가치'를 새로운 핵심 소비 코드로 인식하고 있음을 명확히 보여준다.

2026년 일본의 화장대 위에는 효능뿐 아니라 '기분'을 중심에 둔 제품들이 늘어날 전망이다. 다코칸 메이크업은 단순한 유행을 넘어, '감정이 미의 기준이 되는 시대'의 징후다. 시대적 배경, 가치관, 그리고 심리의 변화를 반영하여 등장한 이 트렌드는 메이크업이 타인을 설득하는 수단이 아니라, 자신을 위로하고 표현하는 언어가 되었음을 시사한다. 그 영향은 뷰티를 넘어 혈색감 있는 네일, 아이웨어, 패션 아이템으로까지 확산되고 있다. '예뻐 보이는 얼굴'이 아닌 '행복해 보이는 얼굴'을 지향하는 새로운 미의 패러다임, 그 중심에 다코칸 메이크업이 존재한다.

# 今、メガネ屋が儲かる

# 주인공은 안경

패셔너블해지는 법?
일단 안경부터 써봐

2026년 일본 패션 시장에서 가장 의의의 성장 카테고리는 '안경'이다. 시력 보조를 위한 안경은 이제 '패션 완성의 마지막 퍼즐'로 재해석되고 있다. JINS(ジンズ)와 Zoff(ゾフ)를 비롯한 주요 브랜드들이 기존의 매출을 연속 갱신하며, "지금, 안경점이 돈을 번다(今, メガネ屋が儲かる)"는 말이 언론에서 자주 회자되는 이유도 여기에 있다.

이 변화의 첫 번째 배경에는 혹서(酷暑)라는 현실적 조건이 있다. 2025년 일본은 기록적인 더위를 겪으며, 메이크업의 간소화와 마스크 해제 이후의 얼굴 피로도가 새로운 고민으로 떠올랐다. 피부에 직접 닿는 화장을 최소화하고, 대신 인상을 완성시켜주는 가장 간단한 수단으로 '다테메가네(だて眼鏡, 패션 안경)'가 선택된 것이다. 최소한의 화장만으로도 인상을 완성시켜주는 '얼굴의 프레임

(Frame)'으로서 안경은 더 이상 기능적 보조재가 아닌 하나의 패션 아이템으로 자리잡았다.

그러나 이 안경 붐의 진짜 동력은 K-POP 문화의 확산이었다. 르세라핌, IVE, aespa 등 인기 아이돌들이 무대와 SNS에서 착용한 '링리스 안경(테 없는 안경)'은 '긱시크(Geek Chic)' 트렌드와 맞물려 폭발적인 반응을 얻었다. 팬들은 이 스타일을 그대로 따라하며, 안경 하나로 동경하는 아이돌의 이미지를 자신의 아이덴티티에 흡수했다. SNS상에서는 '최애랑 커플템(推しとお揃い)'라는 문구와 함께 최애와 같은 아이템을 착용한 인증샷이 줄지어 올라오기 시작했다.

이러한 흐름 속에서 한국발 아이워어 브랜드 '젠틀몬스터(GENTLE MONSTER)'의 경우, 독창적이고 예술적인 디자인으로 기존에는 보기 드문 매력을 가지고 있어 많은 글로벌 스타들이 애용하고 있다. 특히 참(Charm) 장식 교체 등으로 "남들과 다른", "나만의 디자인"을 추구하는 MZ세대의 개성에 호소하며, 단순히 시력교정 기구를 넘어선 '개성 표현을 위한 예술 작품'으로서의 가치를 확립했다. 2025년 6월에는 한국발 아이웨어 브랜드 '블루 엘리펀트(Blue Elephant)'가 해외 첫 플래그십 스토어를 일본 도쿄에 오픈했을 정도로 일본 내에서의 안경 붐은 계속되고 있다.

2025년 하반기에는 K-POP그룹 ENHYPEN이 개최한 일본 스타디움 투어 〈WALK THE LINE〉에서 JINS와의 콜라보 안경이 판매되며, 팬덤 내에서 '오시와 같은 안경을 착용하는 문화'가 폭발적으로 확산됐다. 공연장에서 제품을 구입하면 오리지널 스티커를 증정하는 등 팬 경험형 굿즈로 소비가 이어졌고, 이후 SNS를 통해 'ENHYPEN과 같은 안경을 쓴 인증샷'이 줄지어 등장했다. 팬들에게 이 아이템은 단순한 안경이 아닌 '최애와 커플템(おそろいアイテム)'과 추억이라는 비용 대비 만족을 초월한 감정적 가치를 부여하는 데 성공한 것이다.

# 발레코어

## 몽환과 현실 사이,
## 발레코어

최근 일본 10대~20대 여성 중심으로 주목받고 있는 스타일이 바로 '발레코어(バレエコア)'다. 이 용어는 말 그대로 보면 '발레(ballet)'와 '코어(core)'의 결합으로, 발레리나를 모티프로 한 감성적인 패션 무드를 뜻한다. 로맨틱한 아이템을 활용하면서도 흐르는 듯한 소재나 모노톤 컬러로 섬세함을 더하고, 전체적으로 타이트한 실루엣을 통해 단순한 '귀여움'이 아닌 성숙한 여성미를 연출하는 것이 특징이다.

이 스타일이 일본에서 주목받기 시작한 계기는 한국에서의 유행이었다. 한국의 20~30대 여성들 사이에서 발레를 취미로 즐기는 문화가 퍼지면서, '발레 감성'을 일상 패션에 녹여낸 스타일이 등장했다. 이후 K-POP 아이돌과 글로벌 패션 신(scene)에서 발레코어 룩이 화제가 되며, 일본을 비롯한 아시아 전역으로 확산되었고, 실

제로 SHIBUYA109 LAB.이 발표한 'MZ세대 트렌드 키워드'에서
도 발레코어는 2024년 패션 부문 1위를 차지했다.

'발레코어'는 단순히 발레리나 복장을 흉내 낸 것이 아니다. 리
본, 튤, 프릴 등 여성스러운 아이템을 사용하면서 연하고 부드러운
파스텔 컬러를 기반으로, 때로는 진한 색을 믹스 매치해 세련된 균
형감을 만든다. 저지 팬츠나 스니커즈와 같은 스포티한 요소를 더
한 스타일도 인기를 얻고 있다.

발레코어의 대표적인 아이템으로는 리본, 튤, 레이스 양말, 레그
워머, 볼레로 등이 있다. 스타일링 스펙트럼도 넓다. 리본과 프릴을
풍부하게 매치한 클래식한 여성스러운 스타일부터, 튤 원피스와
헤어밴드로 완성하는 청순한 룩, 소녀 같은 컬러에 저지 팬츠나 스

발레코어 감성 ⓒ 일본 매체 TRANS

니커즈를 더한 캐주얼 믹스, 그리고 데님 숏 재킷으로 갸루풍 무드
를 더한 '공격적인 발레코어'까지 우아함과 스트리트 감성을 자유
롭게 오가는 확장된 스타일이 등장하고 있다.

발레코어가 큰 관심을 받는 이유는 발레리나의 우아한 실루엣
과 여성스러운 요소가 결합해 하나의 스타일 안에서 여러 감성을
구현할 수 있기 때문이다. 단순히 '귀엽다' 또는 '세련됐다' 중 하나
를 고르지 않아도 되는, 양립 불가능해 보이는 감성을 동시에 표현
할 수 있는 자유도가 매력인 것이다.

또한 일상 속에서 쉽게 시도할 수 있는 실용성 역시 강점이다.
과하게 사랑스러운 분위기가 부담스러워도, 아이템 한두 개만 더
해도 분위기가 달라진다. 여기에 스니커즈·저지 팬츠 같은 스포
티한 요소를 믹스하면, 우아함과 캐주얼을 넘나드는 '하이브리드
스타일'로 누구나 편하게 즐길 수 있다.

결국 발레코어는 몽환적인 로맨틱함과 현실적인 실용성의 균형

속에서 새로운 형태의 여성스러움을 제안하는 트렌드다. 이제 발레코어는 단순한 유행을 넘어, 앞으로 더 다양한 방식으로 발전할 가능성을 보여주고 있다.

# fwee

## 일본 MZ의
## 최애 립으로 떠오른 브랜드가 있다

"요즘 일본의 10·20대가 가장 주목하는 코스메 브랜드는?" 이 질문에 많은 MZ세대가 손꼽은 이름은, 의외로 일본 브랜드가 아니라 한국의 'fwee'였다. "립을 바르면 입술이 유리처럼 반짝인다"라는 후기와 함께, SNS를 중심으로 fwee 제품이 순식간에 일본 전역으로 확산되었다.

일본의 MZ세대는 이미 '국산 vs 해외'의 경계를 두지 않는다. 자신에게 맞고, SNS에서 '예쁘다'라는 반응을 얻을 수 있다면 브랜드의 출신지는 중요하지 않다. 이 흐름 속에서 한국 브랜드 fwee가 두각을 나타냈다. 2024년 하반기, 일본 트렌드 미디어 Trepo의 조사에서 fwee는 '인기 코스메' 1위를 기록했으며, IT미디어의 '유행 코스메 랭킹'에서도 'fwee 3D 볼류밍 글로스'가 2위에 올랐다. SNS에서는 "광택이 미쳤다(光沢がエグい)", "남친 반응 최고(彼氏ウ

fwee 립 제품 관련 게시물
ⓒ fwee 재팬 인스타그램

fwee_makeup_jp *3D Voluming Tint* 🐱 🍊

ケ神)" 같은 후기가 이어지며 화제를 모았다.

fwee의 립 제품은 특히 투명감 있고 반짝이는 질감으로 '청초함'과 '트렌디함'을 동시에 담아내 일본 MZ들의 취향을 사로잡았다. SNS에서는 #fwee_립(fweeリップ), #투명감_메이크업(透明感メイク) 해시태그가 꾸준히 증가하고 있으며, "화장을 안 하는 날에도 fwee만은 바른다(メイクをしない日でもfweeだけは塗る)"는 댓글도 눈에 띈다.

보통 트렌드는 짧게 끝나기 마련이지만, fwee는 달랐다. 2025년 상반기 발표된 WEGO Lab MZ세대 트렌드 랭킹에서 또한 '뷰티 부문 1위'에 올랐고, Fasme Asia의 "2025 트렌드 리포트"에서도 'MZ세대의 최애 화장품(推しコスメ)' 1위를 차지했다.

**fwee 제품들 ⓒ 올리브영 글로벌 홈페이지**

그렇다면 fwee는 어떻게 이토록 빠르게 주목받게 되었을까. 우선 fwee의 가격대는 2,000엔 전후로, 학생층에 과하지 않으면서도 '작은 사치'를 즐기기에 적당한 지점이다. 이 합리적인 접근성이 fwee의 첫 진입 장벽을 크게 낮췄다. 또한 투명감이 강조된 파스텔 톤 패키지와 글로시한 질감은 일본 MZ세대가 선호하는 '청초하고 맑은 이미지'와 잘 어울린다.

여기에 SNS에서의 자연 확산이 브랜드 인지도 상승을 견인했다. 특히 TikTok과 Instagram에서 '#fweeリップ(fwee립)' 관련 영상이 꾸준히 증가하며, 공식 마케팅보다 사용자 생성 콘텐츠를 통해 성장한 사례로도 평가된다.

또한 일본 MZ세대는 제품의 기능적 만족도만큼이나 '공유하고 싶은 물건인지'를 구매 요인으로 본다. 즉, 립 하나를 사더라도 친구와 함께 테스트해 SNS에 올리고, 그 과정을 즐기는 방식이 일반화되어 있다. fwee의 비주얼적 완성도와 SNS 친화적 콘셉트는 이러한 소비 행동을 자연스럽게 자극했다.

일본 MZ세대는 과도한 꾸밈보다 투명한 메이크업과 가볍게 발라도 세련되어 보이는 제품을 선호한다. 부담스럽지 않은 광택과 가벼운 텍스처, '꾸민 듯 안 꾸민' 인상을 연출할 수 있다는 점이 강점인 fwee는 '자연스러움 속의 세련됨'을 추구하는 일본 MZ세대의 감각을 효과적으로 반영하는 브랜드로 주목받고 있다.

# 집으로 읽는
# 요즘 일본

2026日本で流行っているもの

# 인스타로 찾는 집

데이터보다 감각을 믿는다...
인스타로 찾는 나의 집

최근 일본의 MZ세대는 '집을 찾는 방식' 자체를 바꾸고 있다. 예전에는 부동산 중개업소나 포털사이트에서 정보를 얻는 게 일반적이었지만, 지금의 젊은 세대는 인스타그램에서 지역 분위기나 실제 거주자의 후기 또한 확인하며 감각적으로 '살고 싶은 집'을 찾아간다.

2024년 일본 부동산 서비스 기업 'ITANDI'가 MZ세대를 대상으로 진행한 조사에서는 MZ세대의 약 67%가 SNS에서 집을 찾아본 경험이 있다고 답했다. 또한 '살고 싶은 지역 정보를 얻는 수단'으로 검색엔진으로는 구글맵과 함께 인스타그램이 꼽혔다. 그 지역의 분위기와 일상을 미리 체험하고 '이 동네에 살면 이런 하루가 가능하겠구나'라는 감각적 판단을 내리고 있음을 알려주는 대목이다.

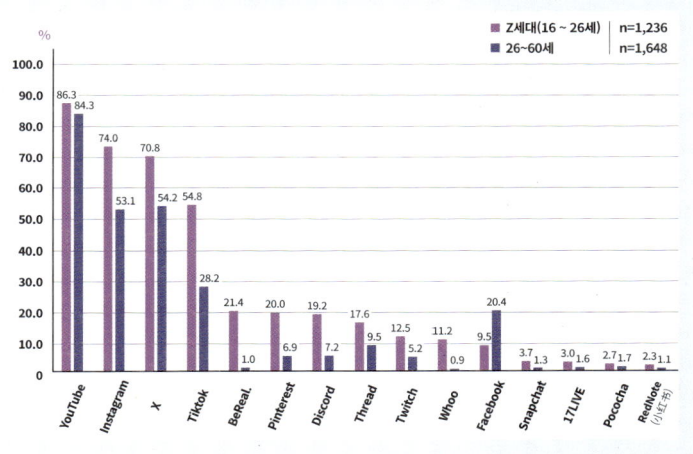

## 세대별 SNS 이용률

세대별 SNS 이용률 ⓒ 사이버에이전트

2024년 10월 일본 부동산 테크 기업 'LIFULL'이 발표한 '주택 구매 의식 조사 2024'에서도 MZ세대의 38.3%가 '주택 관련 정보 를 SNS에서 얻는다'라고 답했는데, 이는 X세대(20.3%)의 거의 두 배에 달한다. 즉, 실제 생활 이미지나 내용이 담긴 경험을 '현실적' 이고 '믿을 만한 정보'로 인식하는 경향이 뚜렷하고, '이 동네에서 의 하루'와 같은 콘텐츠가 새로운 형태의 주거 정보로 소비되고 있 음을 알 수 있다.

이 흐름의 중심에는 단연 '인스타그램'이 있다. 일본 IT 기업 '사 이버에이전트'가 2025년 2월 발표한 'MZ세대 SNS 이용 조사'에 따르면 16~25세의 인스타그램 이용률은 74%로, 유튜브에 이어 두 번째로 높았다. 또 SHIBUYA109 lab.의 2024년 8월 조사에서도

인스타그램 이용률이 89.6%로 1위, '장소나 체험 정보를 찾는 데 가장 많이 사용하는 SNS'로도 꼽혔다.

일본의 젊은 세대에게 인스타그램은 단순한 소통 창구를 넘어 '생활 정보를 탐색하는 주요 수단'이 되고 있는데, 실제로 '#家探し(집 구하기)'나 '#○○区暮らし(○○구 생활)'와 같은 해시태그에서는 지역 분위기나 거주 환경 등 실제 생활이 담긴 게시물이 공유되고, 이를 통해 현실적인 팁을 얻는 모습도 쉽게 확인된다.

이런 흐름을 감지한 일본 부동산 업계 역시 인스타그램을 적극적으로 활용하고 있다. 실제로 많은 기업들이 매물 이미지를 단순한 사진이 아니라 하나의 '비주얼 콘텐츠'로 구성하며, 거주자의 실제 후기와 영상 기반 홍보를 강화하고 있다. 많은 기업들이 인스타그램 공식 계정을 운영하고 있으며, 홍보를 위해 '인스타그램 릴스 + 인플루언서 타이업'을 결합한 사례가 다수 등장하고 있다. 젊은 세대가 인스타그램을 통해 '살고 싶은 집'을 탐색하는 흐름이 뚜렷해지자, 부동산 업계 역시 이에 발맞춰 인스타그램을 브랜드와 라이프스타일 이미지를 전하는 핵심 플랫폼으로 활용하기 시작한 것이다.

일본의 MZ세대는 '검색'만큼 '공유'를, '데이터'만큼 '감각'을 믿는다. 그들에게 인스타그램은 단순한 SNS가 아니라 다음 라이프스타일을 설계하는 지도가 될 때도 있다. 피드 속 타인의 일상이 '살고 싶은 집'의 기준이 되고, 해시태그의 흐름이 새로운 부동산 트렌드를 만들어낸다. 이 변화는 앞으로 일본 부동산 시장이 젊은 세대를 이해하기 위해 어디에 초점을 맞춰야 하는지를 명확히 보여주고 있다.

# 2WD

일본의 MZ세대 1인 가구 사이에서 주거 공간을 대하는 새로운 패러다임이 등장했다. 이들은 '가스레인지 불필요', '욕조 불필요', '현관 불필요', '냉장고 불필요'를 외치며 필요한 것은 과감하게 덜어내고, 공간과 시간을 효율적으로 쓰려는 태도가 이미 하나의 문화로 자리 잡고 있다. 흥미로운 점은, '버려도 되는 것'이 늘어나는 동시에 '없으면 불편한 것'의 기준이 새롭게 정해지고 있다는 것이다. 과거에는 '넓고 예쁜 방'이 주거의 기준이었다면, 지금의 MZ세대에게는 '삶의 효율을 극대화하는 시스템'이 가장 중요한 가치인 것이다.

이런 흐름 속에서 떠오른 새로운 주거 필수 요소가 바로 '2WD'이다. 자동차 구동 방식을 뜻하는 용어처럼 들리지만, 여기서 2WD는 W(Wi-Fi), W(Water Server), D(Delivery Box)의 약자를 의미한

No Wi-Fi, No Life

다. 즉 2WD 트렌드는 MZ세대가 일관도 게 추구하는 타이파(タイ パ, 시간 대비 효율)와 코스파(コスパ, 비용 효율)를 극대화하는 핵심 요소이다. 2WD 트렌드는 주거를 '면적'이나 '시설' 같은 하드웨어 중심에서, '효율적인 삶의 방식'을 구현하는 소프트웨어 중심의 공 간으로 재정의하고 있다는 점에서 주목할 만하다.

'2WD'의 세 가지 요소는 모두 MZ세대의 일상생활에서 비효율 을 제거하고 만족도를 높이는 데 최적화된 선택들이다.

Wi-Fi는 MZ세대에게 더 이상 '편의'가 아닌 '생존 인프라'이다. "No Wi-Fi, No Life"라는 인식이 지배적이다. 공부, 일, 인간관계, 취미까지 모두 온라인을 통해 이어지는 세대에게, 인터넷 연결은 전기나 수도와 다르지 않은 필수 조건이다. 데이터 무제한 요금제 를 이용하더라도, 빠르고 안정적인 고정 통신 환경은 데이터 비용 을 절감하고 모든 활동에서 시간적 지연을 제거하는 가장 기본적인 코스파 전략이다. 집이 곧 디지털 생활의 허브가 된 지금, 끊김 없는 디지털 연결성은 이들의 미니멀하고 효율적인 삶을 지탱하는 가장 근본적인 인프라인 것이다.

워터 서버(Water Server)는 최근 1인 가구 사이에서 계약 증가율이 높아지는 추세이다. 이는 미니멀한 식습관과 시간 효율을 동시에 추구하는 MZ세대의 성향을 반영한다. 물을 사서 집까지 들고 오는 '시간과 노동력'을 절약하며 번거로움을 완전히 제거해준다. 또한, 일본의 MZ세대는 식사 시 음료로 '물'을 선택하는 비율이 높다. 가벼운 조리식, 간편식 중심의 식사 문화 속에서 음료보다 '물'이 맛을 방해하지 않는다는 이유다. 신선하고 깔끔한 이미지를 중시하는 감성이 워터서버를 하나의 라이프 아이콘으로 만들었다.

택배 보관함(Delivery Box)는 온라인 쇼핑이 일상화된 시대에 안전과 효율, 두 마리 토끼를 잡는 장치이다. 이 시스템이 한국에서는 생소할 수 있다. 일본은 택배를 본인이 수거 후 다시 배송하는 시스템인데, 이 과정이 온라인 쇼핑에 익숙한 MZ세대에게는 가장 비효율적인 시간 낭비이다.

택배 함은 복잡한 재배송 절차나 대기 없이 물품 수령을 가능하게 하여 타이파를 실현한다. 특히 자동 출입문이 설치된 아파트가 늘면서 '집 앞 배송(置き配)'이 어려워졌고, 보안 기능까지 갖춘 택배 함은 1인 가구의 안전과 편의를 동시에 확보하는 필수 설비가 되었다. 귀가 후 비밀번호를 눌러 물건을 꺼내는 행위 자체가 이미 생활 루틴으로 정착했다.

2WD 트렌드는 MZ세대가 주거 공간을 '선택과 집중'의 관점에서 바라본다는 사실을 분명히 보여준다. 이들은 자주 사용하지 않는 혹은 외부에서 해결 가능한 시설(욕조, 가스레인지, 대형 냉장고)은 과감하게 포기하고, '일상의 질과 효율을 좌우하는' 2WD에 적극적으로 투자한다.

이는 주거 공간의 가치 기준이 '양적인 면적'에서 '질적인 효율'로 이동했음을 시사한다. 요리는 간편식으로, 목욕은 외부 시설로 대체하며, 집은 '휴식과 연결의 허브'로 단순화되고 있다. 이처럼 2WD는 단순히 세 가지 물품을 의미하는 것을 넘어, 디지털 연결성(Wi-Fi), 건강하고 합리적인 생활(Water Server), 안전하고 효율적인 시간 관리(Delivery Box)를 결합한 MZ세대식 미니멀 스탠더드이다.

결론적으로, MZ세대의 주거는 "작지만 완전한 집"으로 진화하고 있다. 욕조가 사라져도 Wi-Fi는 남고 냉장고가 작아져도 워터서버는 들어오며, 현관이 좁아져도 택배함은 필수로 남는다. 공간은 작아지지만, 생활의 품질은 오히려 높아지는 이 패러독스야말로 MZ세대가 정의하는 '스마트하고 합리적인 주거'의 미래 모습인 것이다.

# 인테리어 트렌드

## 모던하게? 내추럴하게?
## 정답은 없어

2025년 일본 인테리어 트렌드는 한마디로 '정답은 없다. 중요한 건 나에게 편안한 공간'이라고 할 수 있다. 몇 해 전까지만 해도 일본(Japanese)과 북유럽(Scandinavian)을 결합한 '재팬디'나 한국풍 인테리어처럼 유행하는 스타일을 그대로 따라 하는 방식이 일반적이었다. 하지만 지금은 '집에서 내가 어떤 시간을 보내고 싶은지', '어떤 분위기가 편안한지'를 기준으로 공간을 꾸미는 사람들이 확연히 늘었다.

일본의 한 인테리어 코디네이터도 "특정 스타일을 모방하기보다 스스로 기분 좋고 편안해지는 공간을 만들려는 사람이 눈에 띄게 많아졌다"라고 말한다. 일본에서는 특히 '나를 위한(自分のため)'이라는 표현이 자주 등장하는데, 이는 유행보다 자신의 생활 패턴과 감각을 중심에 두는 태도를 보여준다.

라운지 체어 ⓒ 일본 Living 홈페이지

그렇다고 공통된 취향이 완전히 사라진 것은 아니다. 일본에서 꾸준히 사랑받는 대표 스타일은 '럭셔리 모던'과 '내추럴 모던'이다. 럭셔리 모던은 호텔처럼 깔끔하고 비일상적인 분위기를 연출하는 스타일로, 컬러를 최소화하고 대리석·유리 등 광택 소재로 포인트를 준다. 다만 차갑게 보이지 않도록 우드나 패브릭을 섞어 균형을 잡는 것이 중요하다. 반대로 내추럴 모던은 우드의 따뜻함과 모노톤의 세련됨을 조화롭게 담아 '따뜻하지만 정돈된' 분위기를 만드는 것이 핵심이다.

화이트·블랙·그레이 같은 모노톤을 베이스로 사용하고, 장식이 적은 심플한 디자인의 가구를 선택한 뒤 작은 오브제나 조명으로 개성을 더하는 방식이 일본에서 가장 많이 사랑받는 스타일링이다.

**최근 일본에서 인기가 많았던 크리스탈 조명 ⓒ 일본 Living 홈페이지**

　이러한 스타일 속에서 특히 주목받는 아이템이 바로 '라운지체어'다. 공간이 넓지 않아도 '나만의 자리'를 만들어주는 존재감 있는 포인트가 될 수 있고, 깊이 있는 좌석과 가벼운 실루엣 덕분에 모던한 인테리어와도 조화를 이룬다. 함께 인기를 얻고 있는 또 다른 아이템은 '포터블 간접조명'이다. 콘센트 위치에 구애 받지 않고 원하는 곳에 둘 수 있어 활용도가 높으며, 낮에는 오브제, 밤에는 은은한 빛으로 분위기를 바꿔준다. 특히 크리스털 빛의 굴절로 호텔 라운지 같은 고급스러운 무드를 만들어준다는 점에서 일본에서 많은 선택을 받고 있다.

　인조 식물 역시 일본에서 많은 사랑을 받고 있는 아이템이다. 관리 부담이 없다는 점이 가장 큰 장점이며, 식물의 높이나 잎의 모양, 크기를 조합해 자연스러운 분위기를 연출하기도 쉽다. 가구 디

**인조 식물**
ⓒ 일본 Living 홈페이지

자인과 조화롭게 매치할 수 있어 공간 스타일링에도 활용도가 높고, 최근에는 실제 식물과 거의 구분이 어려울 만큼 퀄리티가 좋아지면서 선택 폭이 더욱 넓어지고 있다.

또 하나 눈에 띄는 요소는 포인트 벽지다. 벽 한 면의 색만 바꾸는 간단한 방식이지만, 큰 가구를 옮기지 않아도 공간의 인상이 확 달라지는 효과를 준다. 예를 들어 화이트 벽에 짙은 그레이를 더하면 전체 분위기가 단단하고 정돈된 느낌으로 변하고, 조명과 함께 연출하면 훨씬 아늑한 무드를 만들 수 있다. 최근에는 붙였다 떼기 쉬운 타입이 많아, 임대주택에서도 부담 없이 시도할 수 있다는 점이 인기 요인으로 꼽힌다.

결국 2025년 일본 인테리어의 핵심은 '모던 스타일 속 나에게 맞는 집'을 만드는 것이다. 과거처럼 하나의 정답을 따라가는 것이 아니라, 모던을 기반으로 하면서도 라운지체어 · 포터블 조명 · 인조 식물 · 포인트 벽지 같은 아이템으로 공간에 개성을 더하면서 자신의 리듬과 취향이 담긴 공간을 완성하고 있다. 중요한 것은 유행이 아니라, 그 공간이 나에게 얼마나 편안한가이다.

# LOWYA

## 공간은 작아도
## 취향은 크게

일본의 젊은 세대는 원룸이나 소형 주거 공간에서 생활하는 경우가 많다. 이들은 좁은 공간을 알뜰하게 활용하면서도 합리적 가격과 디자인 감각을 놓치지 않는 가구를 선호하는데, 바로 이런 흐름 속에서 일본 가구 브랜드 'LOWYA'가 젊은 세대의 라이프스타일에 어울리는 브랜드로 자리 잡았다.

LOWYA를 운영하는 베가코퍼레이션의 2025년 3월 결산 자료에 따르면, 고객의 절반 이상이 20대이며 20~40대가 전체의 약 90%를 차지한다. 성별 비율은 여성 65%, 남성 고객 35%로 성별을 불문하고 MZ세대 전반에 고르게 지지를 받고 있음을 보여준다. 이는 LOWYA가 특정 세대의 마음을 확실히 사로잡은 브랜드임을 잘 드러낸다.

그렇다면 SNS와 모바일 플랫폼에서의 영향력은 어느 정도일

까? 해당 결산 자료에서는 LOWYA 앱 다운로드 수는 176만 건에 달하며, Instagram 팔로워는 약 117만 명, TikTok 39만 명, YouTube 채널 구독자 20만 명으로 나타났다. 이처럼 SNS와 모바일 플랫폼에서의 강한 노출은 후기와 트렌드에 민감하고 정보를 SNS에서 얻는 MZ세대의 소비 방식과 정확히 맞닿아 있다.

브랜드 전략 또한 MZ세대의 생활 맥락과 긴밀히 연결되어 있다. LOWYA는 공식 온라인 스토어에서 매 시즌 "신생활(新生活)" 특집을 운영하며 대학 진학이나 취업을 계기로 독립하는 젊은 소비자를 직접 겨냥한다. 침대, 책상, 수납 가구 등 원룸 필수품을 패키지 형태로 제안하는 방식은 첫 자취를 시작하는 세대에게 실질적인 선택지를 제공한다. 또 가구 배치 시뮬레이터 앱 "오쿠룸(おくROOM)"을 도입해 실제 공간을 가상으로 꾸며볼 수 있도록 하여, 좁은 공간을 효율적으로 활용하려는 MZ세대의 고민을 해소하고

LOWYA가구 행거랙
ⓒ 베가코퍼레이션

있다.

브랜드 전략은 구체적으로 어떤 제품 선택으로 이어졌을까? LOWYA가 2025년 상반기에 발표한 히트 랭킹에서 가장 많이 팔린 제품은 '로우 타입 베드 프레임'으로, 누적 판매 117,629개를 기록하며 2년 연속 1위를 차지했다. 또한 컴팩트 책장이나 하우스형 행거 랙처럼 작은 공간을 알차게 꾸밀 수 있는 제품도 상위권에 올랐다. 가격대 역시 가장 비싼 제품이 21,990엔 수준이며, 대부분 1만~2만 엔(한국 돈으로 약 10만~20만 원)에 형성되어 있어 원룸 생활자에게 부담이 적다. 즉, 공간 효율성과 합리적 가격을 갖춘 제품이 소비자의 선택으로 직결되고 있음을 보여준다.

이러한 판매 추세는 단순한 인기 차원을 넘어, 재무성과에도 직접적인 영향을 주고 있다. 베가코퍼레이션의 월간 보고서에 따르면 2025년 4월부터 8월까지의 실적은 전년 동월 대비 꾸준히 증가

세를 보였고, 5개월 연속으로 모든 달에서 전년 대비 110% 이상을 기록해 안정적인 성장세가 이어지고 있음을 알 수 있다.

언론의 평가도 흥미롭다. 일본의 대표 매체 오리콘뉴스는 2025년 7월, 합리적인 가격대의 인기 아이템을 소개하며 LOWYA를 트렌디한 디자인과 합리적인 가격을 갖춘 브랜드로 언급했다. TV도쿄 Plus 역시 같은 시기 "SNS에서 화제를 모으며 저렴하면서도 세련된 인테리어 브랜드"로 인식되고 있다고 보도했다. 이는 젊은 세대의 소비 행태와 LOWYA의 브랜드 이미지가 맞아떨어진다는 점을 잘 보여준다.

한 마디로, LOWYA는 일본 MZ세대가 처한 생활 환경—좁은 주거 공간, 합리적 소비, SNS 중심의 정보 습득—과 밀접하게 맞물린 전략을 전개하고 있다. 고객 연령 구성에서 드러나는 MZ 중심 구조, 원룸 특화 제품군, 신생활 기획과 SNS 친화적 접근, 그리고 실적과 언론 보도까지, 모든 지표가 LOWYA가 젊은 세대에게 선택되는 이유를 뚜렷하게 보여준다.

# 반려동물 공생형 맨션

## 반려동물이 가족이라면, 집도 달라져야죠

일본의 주거 시장에서 집이 더 이상 사람만의 공간이 아니라는 인식이 확산되고 있다. 반려동물을 단순한 동물이 아닌 '가족'으로 여기는 가치관이 사회 전반에 자리 잡으면서, 주거의 기준 또한 변하고 있다. '반려동물 공생형 맨션(ペット共生型マンション)'이라 불리는 이 새로운 형태의 주택은, 단순히 반려동물의 거주를 허용하는 차원을 넘어 사람과 동물이 함께 쾌적하게 살아갈 수 있도록 설계된 공간이다. 인간 중심의 구조에서 벗어나, 반려동물이 동등하게 생활의 주체로 고려되는 주거 모델이 등장한 것이다.

공생형 주택의 확산은 일본 사회 구조의 변화와 맞물린 결과이다. 인구 감소와 고령화로 1인 가구가 급격히 늘면서 반려동물이 일상의 정서적 버팀목으로 자리 잡았다. 팬데믹을 거치며 재택근무가 일상화되자, 집에서 보내는 시간이 늘어나면서 자연스럽게

반려동물 공생형 맨션 외관 이미지 ⓒ 전국임대주택신문 공식 홈페이지

'함께 사는 존재'에 대한 감각이 더욱 세밀해졌다. 반려동물은 외로 움과 불안을 완화시키는 존재로서 기능하며, 이러한 배경 속에서 주택이 감당해야 할 역할 역시 바뀌었다.

　기존의 '반려동물 허용(ペット可)' 주택이 동물의 존재를 허용하 는 수준에 그쳤다면, 공생형 맨션은 발상부터 다르다. 반려동물을 주택의 거주자로 상정하며, 사람과 동물 모두의 쾌적함을 동시에 설계의 전제로 삼는다. 이로써 '불편을 감수하는 동거'에서 '편안한 공존'으로 나아가기 위한 물리적 토대가 마련된 것이다.

　이 공간의 진정한 변화는 구조보다 관계에서 드러난다. 공생형 맨션의 입주자들은 서로가 반려동물과 함께 산다는 사실을 전제로 생활한다. 그 덕분에 기존 주택에서 흔히 발생하던 소음, 냄새, 알 레르기 문제에 대한 갈등이 줄어들고, 오히려 반려동물을 매개로

한 새로운 공동체가 형성된다. 입주민이 함께 산책하거나, 초보 보호자를 위한 매너 교육이 자발적으로 운영되는 등, 이웃과의 관계가 불편이 아닌 연대의 형태로 바뀐다. 일부 지자체는 이러한 공생형 커뮤니티를 지역 재생의 모델로 주목하고 있다.

이러한 변화는 단순한 주거의 진화가 아니라 도시의 감수성이 달라지고 있음을 의미한다. 일본 사회는 오랫동안 동물로 인한 불편을 이유로 반려동물을 배제해 왔지만, 이제는 배제 대신 '공존을 위한 설계'를 선택하고 있다. 사람과 동물이 서로의 생활을 방해하지 않도록 구조와 규약, 커뮤니티의 질서를 설계하는 과정 자체가 '성숙한 도시 문화'의 징후이기 때문이다.

나아가 공생형 맨션의 진화는 물리적 실비를 넘어 서비스의 영역으로 확장되고 있다. 최근 주거 개발의 흐름은 하드웨어보다 소프트웨어에 집중되어, 건물 내 상주 펫시터나 단기 보육 공간, 고령 반려동물을 위한 간병 서비스, 온라인 수의 상담과 훈련 프로그램이 주거 서비스에 결합되고 있다. 외출이 잦은 1인 가구를 위해 반려동물의 안전과 생활 리듬을 관리하는 시스템이 구축되며, 이러한 서비스는 입주 만족도를 높이는 핵심 요인으로 작용한다. 동시에 IoT 기술의 발전은 반려동물 공생 주택의 기능을 한층 고도화시켜, 실내 카메라와 환경 센서가 반려동물의 움직임과 체온, 습도를 감지하고 스마트폰으로 냉난방을 제어하는 등 '돌봄의 연속성'이 공간 안에서 구현되는 것이다.

이러한 트렌드는 2026년에도 더욱 확고해질 것으로 보인다. 반려동물을 가족으로 여기는 인식은 일시적인 유행이 아니라, 삶의 방식 그 자체가 되었기 때문이다. 1인 가구와 고령층이 늘어날수록 정서적 유대의 필요성은 더욱 커지고, 그만큼 반려동물과 함께하는 주거에 대한 수요는 지속적으로 증가할 것이다. 여기에 기술 비용의 하락이 맞물리며, 공생형 설계는 더 이상 프리미엄 옵션이 아니라 기본 사양으로 자리잡을 가능성이 높다. 주택이 단순히 '사는 곳'이 아니라 '함께 살아가는 시스템'으로 진화하는 것이다.

물론 해결해야 할 과제도 존재한다. 설비가 정교할수록 관리비는 높아지고, 반려동물을 키우지 않는 입주자와의 형평성 문제, 소음과 냄새에 대한 민감도 차이 등이 여전히 고민거리다. 그러나 이러한 문제를 제도와 교육, 기술로 조율하려는 흐름 자체가 사회의 성숙을 의미한다. 공생형 주택은 단지 인간과 동물이 편하게 살 수 있는 공간을 만드는 것이 아니라, 서로 다른 존재가 어떻게 함께 살아갈 수 있을지를 고민하게 만드는 구조적 실험이기 때문이다.

결국 반려동물 공생형 맨션은 주거의 기능적 진화를 넘어, 생활 철학의 진화를 보여주는 현상이다. 예전의 집이 인간만을 위한 공간이었다면, 앞으로의 집은 생명과 시간을 함께 나누는 작은 공동체로 재정의되고 있다. 일본의 주거 시장은 이 변화를 새로운 삶의 구조적 표준으로 인식하기 시작했으며, 이 흐름은 2026년 이후 도시가 인간 중심에서 관계 중심으로 이동하고 있음을 예고하는 가장 따뜻한 신호이다.

# 셰어하우스

## 단순히 저렴해서가 아니다
### '좋아서 산다'

    최근 일본의 젊은 세대 사이에서 여러 사람이 하나의 집을 함께 쓰되, 개인 공간과 공용 공간을 나눠 생활하는 형태의 주거 방식인 '셰어하우스(share house)'가 하나의 주거 트렌드로 자리 잡아가고 있다. 단순히 집세가 저렴해서 선택되는 주거 형태를 넘어, 주거 비용 부담 · 유연한 생활 방식 · 커뮤니티 지향성 등이 복합적으로 얽힌 현상이다.

    먼저 공급 측면의 지표를 보면, 일본 내 셰어하우스 물건 수는 2023년도 대비 2024년도에 약 5.4% 증가했다는 조사 결과가 있다. 이는 단순히 시장의 성장세를 보여주는 것일 뿐 아니라, 주거 형태로서의 셰어하우스가 점차 '선택 가능한 옵션'으로 자리 잡아가고 있다는 근거가 된다.

    입주자 측면의 최신 조사도 주목할 만하다. 예컨대, 25년 6월 도

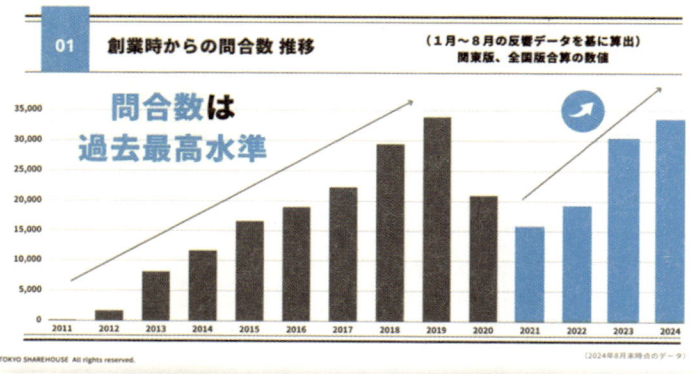

쉐어하우스의 문의 건수는 해마다 증가 추세다 ⓒ 도쿄셰어하우스

쿄셰어하우스 합동회사 '도쿄셰어하우스'가 도쿄도 내 20대 회사원 셰어하우스 거주자를 대상으로 한 조사에 따르면, 10명 중 7명이상이 현재 셰어하우스 생활에 만족한다고 응답했으며, 약 75%가 "셰어하우스 생활이 자기실현 또는 커리어에 플러스가 되었다"라고 느꼈다고 한다. 셰어하우스에서 살면서 느꼈던 장점으로는 '집세 및 초기비용의 경제적 메리트(34.9 %)', '사람과의 만남·커뮤니티 형성(31.6 %)'이 각각 상위로 나타났다.

입주자 측면의 최신 조사도 주목할 만하다. 예컨대, 25년 6월 도쿄셰어하우스 합동회사 '도쿄셰어하우스'가 도쿄도 내 20대 회사원 셰어하우스 거주자를 대상으로 한 조사에 따르면, 10명 중 7명이상이 현재 셰어하우스 생활에 만족한다고 응답했으며, 약 75%가 "셰어하우스 생활이 자기실현 또는 커리어에 플러스가 되었다"라고 느꼈다고 한다. 셰어하우스에서 살면서 느꼈던 장점으로는

シングルルーム　プライベートタイプのお部屋。冷蔵庫・エアコン・ベッド（布団）完備。プライベートな空間を確保したい方・荷物が多い方向き。（キッチン・トイレ・シャワーは共同利用）

シェアルーム 2名1室利用でシェアするタイプのお部屋です。シングルルーム（個室）よりリーズナブルな家賃設定で、ドミトリーに比べて、より多くの収納や個人のスペースがあります。

ドミトリー　一部屋を4〜8人でシェアする相部屋タイプ。主に二段ベッドを利用。室内にセキュリティーボックス完備。

コンパートメント　寝台列車の個室のような小型プライベートルーム。

**일본의 다양한 셰어하우스 타입 ⓒ oakhouse**

'집세 및 초기비용의 경제적 메리트(34.9 %)', '사람과의 만남·커뮤니티 형성(31.6 %)'이 각각 상위로 나타났다.

이 같은 자료는 셰어하우스가 단지 비용 절감형 주거 방식이 아니라, 젊은 층에게는 '비용 + 커뮤니티 + 유연성'이라는 복합적 가치를 제공하고 있다는 점을 말한다. 실제로 2024년에는 셰어하우스에 대한 문의 건수가 역대 최고 수준을 기록했다는 보고도 있다.

같은 조사에서 셰어하우스 물건을 찾을 때 가장 많이 활용되는 수단으로는 '셰어하우스 전문 매물 사이트'로 나타났다. "셰어하우스 물건을 찾을 때 어떤 방법을 가장 많이 이용했는가"라는 질문에 대해 1위는 '셰어하우스 전문 매물 사이트(28.0%)', 2위는 '부동산 중개업체'와 '지인 추천'이 각각 26.8%로 동일한 비율을 기록했다.

셰어하우스가 일반 부동산 시장과 달리 전문 플랫폼 중심으로 검색·거래가 이루어지고 있으며, 동시에 '입소문'이나 '지인 네트워크'를 통한 탐색도 여전히 중요한 경로로 작용하고 있음을 보여준다.

결국 일본 MZ세대에게 셰어하우스란, 단순히 '집을 함께 쓰는 방식'이 아니라, 현실적인 비용 절감, 사람과의 연결, 유연한 생활 방식을 동시에 충족시키기 위한 주거 옵션으로 떠오르고 있다. 앞으로도 도시 중심으로, 특히 유연한 주거와 생활 방식에 열려 있는 젊은 층을 중심으로 이러한 형태는 꾸준히 확산될 가능성이 높을 것으로 보인다.

2026日本で流行っているもの

# 일본인들은 여행, 어디로 어떻게 떠날까?

2026日本で流行っているもの

# 지금 뜨는
# 여행 키워드 1

**지금 뜨는 키워드,
'혼자 여행,
애니 성지순례,
숨은 여행지'**

일본인들의 여행 트렌드가 조용히 바뀌고 있다. 예전처럼 유명 관광지를 정해진 루트로 도는 대신, 자신의 리듬에 맞춰 머무르고 남들은 모르는 나만의 곳을 가는 여행이 주목받고 있다. 최근 특히 두드러지는 키워드는 '혼자 여행', '애니메이션 성지순례', 그리고 '숨은 여행지'다.

## 1. 혼자 여행 (ひとり旅)

일본에서 '혼자 떠나는 여행'이 확실히 늘고 있다. 2024년 JTB 종합연구소 조사에 따르면 일본은 조사 대상 39개국 중 '혼자 여행을 한다'는 비율이 가장 높았고, 약 5명 중 1명꼴이었다. 또 일본 숙박 예약 사이트 '자란'의 국내숙박여행조사(2025)에선 전체 여행 중 '히토리타비(ひとり旅)', 즉 혼자 하는 여행의 비율이 18%로 집

도쿄역 ⓒ Japan Korea Daily

계됐고 남성 18~29세에서 가장 높았다. ISUTA가 20~29세 일본인 여성 420명을 대상으로 2025년 4월 여행 트렌드에 관해 조사한 결과에서도 '혼자 여행에 흥미가 있다', 또는 '경험이 있다'라고 답한 여성은 70% 이상이었다.

　이런 흐름에는 몇 가지 이유가 있다. 친구나 가족의 일정에 맞추지 않고 나만의 페이스대로 움직이고 싶다는 욕구, 가까운 지역을 짧게 다녀오는 '근거리 여행'의 확산, 그리고 20대 젊은 층의 참여 증가다. 이제 일본에서 혼자 여행은 특별한 선택이 아니라, 일상의 확장에 가까운 문화로 자리 잡고 있다.

## 2. 애니메이션 성지순례 (聖地巡礼)

일본에서는 애니메이션 속 무대를 직접 찾아가는 '성지순례'가 하나의 여행 장르로 자리 잡았다. 일본 아니메투어리즘협회가 발표한 '방문해보고 싶은 일본의 애니메이션 성지 88 선 (2025년 판)'에는 전국 각지의 작품 배경지가 포함되어 있다. '로열티마케팅'이 2025년 6월 MZ세대를 대상으로 한 조사에서도 '성지순례 경험 테마' 혹은 '앞으로 하고 싶은 곳' 중 '애니메이션'이 48.1%로 1위를 차지했다

이 트렌드는 단순한 팬 활동이 아니라, 지방 도시나 소규모 마을이 새로운 관광 거점으로 떠오르는 계기가 되고 있다. 좋아하는 작품 속 공간을 직접 체험하며, 지역의 음식 · 축제 · 풍경을 함께 즐기는 여행이 늘고 있는 것이다.

## 3. 숨은 여행지 찾기

일본 여행자들 사이에서는 덜 알려진 지역이나 조용한 장소를 찾는 흐름이 강해지고 있다. 부킹닷컴재팬의 2024년 조사에서 세계 여행객 47%가 '다음엔 숨은 여행지를 가보고 싶다'라고 답했고, 애어비엔비 조사에서도 '잘 알려지지 않은 지역에서의 전통 · 음식 · 공예 체험'이 선호 요인으로 꼽혔다. 여행의 초점이 '어디를 가느냐'보다 '무엇을 느끼고 경험하느냐'로 옮겨가고 있는 것이다.

지금 일본인의 여행을 움직이는 키워드는 혼자 · 애니메이션, 그리고 숨은 경험 세 축으로 요약된다. 혼자 여행은 자기 속도에 맞

소도시 여행
ⓒ Japan Korea Daily

춘 자유의 형태로, 성지순례는 문화 콘텐츠와 지역이 만나는 새로운 관광 루트로, 숨은 여행지는 '조용한 시간과 진짜 체험'을 찾는 선택으로 확산되고 있다. 이 세 흐름이 맞물리며 일본 국내여행은 점점 더 다양하고 개인적인 모습으로 변화하고 있다.

# 지금 뜨는
# 여행 키워드 2

### 지금 뜨는 키워드,
### '웰니스,
### 체험'

요즘 일본인들은 '얼마나 많이 봤는가'의 게임이 아니다. 더 이상 급하게 찍고 떠나는 여행을 원하지 않는다. 한곳에 천천히 머물고, 진짜 나를 돌보는 시간을 여행이라 부르기 시작했다. 지역의 삶을 직접 체험하며 마음을 리셋하는 여행, 2026년 일본을 움직이는 새로운 흐름이다.

### 1. 웰니스 투어리즘

최근 일본에서는 '심신의 건강을 위한 여행'이 확실한 트렌드로 자리 잡았다. 트래블보이스(Travel Voice)가 발표한 '웰니스 투어리즘 2025' 보고서에 따르면, "일상뿐 아니라 여행지에서도 건강하게 지내고 싶다"는 여행자가 꾸준히 증가하고 있다. 이는 단순히 온천이나 스파를 즐기는 수준을 넘어, "마음을 정화하고 자신을 재정비

웰니스
© unsplash

하는 여행"으로 발전하고 있다.

글로벌웰니스인스티튜트(GWI)에 따르면, 2023년 기준 세계 웰니스 경제 규모는 약 6.3조 달러(세계 GDP의 6%)로, 그중 웰니스 투어리즘이 8,302억 달러(약 13%)를 차지한다. 일본의 웰니스 관련 시장 규모도 약 2,548억 달러로 세계 4위에 달하며, 그중 웰니스 여행 부문은 226억 달러를 기록했다.

부킹닷컴의 2025년 트렌드 조사에서도 일본 여행자의 34%가 "심신의 건강을 회복하는 여행에 관심이 있다"고 답했다. 또 "건강 증진을 위해 비용을 기꺼이 지불하겠다"고 한 비율도 33%에 달했

다. 특히 나가토(長門), 하코네(箱根), 벳푸(別府), 쿠사쓰(草津) 등은 '온천 리트리트' 지역으로 인기가 높아지고 있다.

이제 일본에서 웰니스 여행은 단순한 힐링이 아니라, 자기 회복과 재정비의 수단으로 받아들여지고 있다. '여행이 곧 나를 돌보는 시간'이라는 인식이 확산되며, 웰니스 투어리즘은 새로운 라이프스타일로 자리잡고 있다.

## 2. 체험 중심 여행

일본 여행자들 사이에서는 최근 '코토소비(コト消費)' 흐름이 빠르게 확산되고 있다. '코토소비(コト消費)'란, '물건(モノ)'을 사는 데서 만족을 얻는 모노소비(モノ消費)와 달리, '경험(コト)' 자체에 가치를 두는 소비 방식이다. 예전처럼 기념품이나 쇼핑 중심의 여행보다, "무엇을 봤는가"만큼 "어떤 경험을 했는가"를 더 중요하게 여기는 경향이 뚜렷해진 것이다.

다도(茶道), 향도(香道), 도예·목공 같은 문화 공방 체험, 작은 어촌 마을에서의 민박 등 지역의 생활·전통과 직접 연결된 프로그램의 수요가 꾸준히 증가하고 있다. 단순히 명소를 둘러보는 관광이 아니라, 지역 사람과 문화의 맥락을 온전히 느끼는 체험형 여행이 일본인에게 '여행의 질'을 결정하는 요소로 자리잡는 분위기다. SNS에서도 이 흐름은 확실히 드러난다. 인스타그램에서는 '#体験旅(체험여행)'·'#ローカル体験(로컬체험)' 같은 해시태그가 빠르게 늘고 있으며, 남들이 다 찍는 사진보다 현지에서만 느낄 수

있는 경험·순간·감정을 기록하려는 콘텐츠가 인기를 얻고 있다.

명소를 체크리스트처럼 지우는 시대는 끝났다. 이제 여행은 '나를 다시 만드는 시간'이 되었고, 경험은 가장 강력한 소비가 되어 2025년 일본 여행의 무게중심은 '속도'에서 '깊이'로 이동하고 있다.

# 지금 뜨는 여행지 1
# 도쿠시마

아와오도리의 열정과 나루토의 소용돌이,
도쿠시마가 뜬다

화려하지 않지만, 이상하게 오래 남는다. 요즘 선택되는 곳 '도쿠시마(德島)'. 자연과 문화, 그리고 사람의 따뜻함이 살아 있는 '로컬 감성 여행지'로 주목받는 중이다. 전통축제인 아와오도리, 장대한 자연을 느낄 수 있는 나루토 해협, 감성 가득한 거리 반다이초, 그리고 진한 한 그릇의 도쿠시마 라멘까지 도쿠시마는 작지만 확실한 개성을 가진 도시다.

도쿠시마를 대표하는 여름의 풍경은 단연 아와오도리(阿波おどり)다. 매년 8월이면 남녀노소가 북과 피리의 경쾌한 반주에 맞춰 거리를 누비며 춤을 춘다. 화려한 의상과 리듬감 넘치는 퍼포먼스는 '일본판 브라질 삼바 축제'라는 별명이 붙을 만큼 뜨겁고 활기차다. "춤추는 바보, 보고만 있는 바보. 어차피 바보라면 춤추지 않는 게 손해"라는 유명한 구호에는 축제의 정신이 담겨 있다. 함께

**아와오도리** ⓒ 위키피디아

어우러져 즐기자는 메시지 덕분에, 지금도 많은 여행자들이 '한 번쯤 직접 참여해보고 싶은 축제'로 손꼽는다.

축제의 열기가 도심을 가득 채운다면, 도쿠시마의 자연은 또 다른 방식으로 강렬한 인상을 남긴다. 나루토시와 아와지섬 사이에 위치한 나루토해협(鳴門海峽)은 세계 최대 규모의 소용돌이로 잘 알려져 있다. 관광선을 타면 눈앞에서 거대한 물살이 회전하며 만들어내는 장관을 직접 마주할 수 있고, 허협 위에 놓인 해상 산책로 '우즈노미치(渦の道)'에서는 발아래로 넘실거리는 소용돌이를 가까이서 관찰할 수 있다. 자연의 힘을 온몸으로 느끼고 싶다는 이들에게는 빼놓을 수 없는 명소다.

도쿠시마는 뜨거운 축제와 압도적인 자연만 있는 곳이 아니다.

**나루토의 소용돌이 ⓒ 라이브재팬**

도시의 일상속에서도 조용한 매력을 느낄 수 있다. 도쿠시마시 중심의 반다이초(万代町)는 조용하고 레트로한 분위기로 여행자들을 맞이하는 동네다. 반다이 부두를 따라 천천히 걷다 보면 힙한 포토 스팟들과 함께 창고형 카페나 잡화점, 로컬 슈퍼 등이 자리해 '머물고 싶은 거리'라는 인상을 준다. 도시의 번잡함에서 벗어나 도쿠시마 특유의 로컬 무드를 느끼며 산책하고 커피 한 잔 즐기기에 딱 좋은 곳이다.

여행의 마지막을 채우는 한 그릇. 진한 돼지고기 육수와 달콤 짭짤한 간장 베이스 국물이 특징인 도쿠시마 라멘(德島ラーメン)도 빼놓을 수 없다. 가게마다 맛과 개성이 달라 현지인들 사이에서는 단골이 뚜렷이 갈릴 정도로 취향이 분명한 음식이다. 따뜻한 국물 한 입에 여행의 피로가 스르륵 풀리는 듯한 여운이 남는다.

도쿠시마 라멘
ⓒ Japan Korea
Daily

　도쿠시마에는 화려한 네온사인보다 천천히 흐르는 일상의 풍경이 있다. 최근 슬로우 트래블 열풍이 확산되며, 이 조용한 도시가 다시 주목받고 있다. 빠른 속도에서 잠시 벗어나 자신을 쉬게 해주는 곳, 그런 도쿠시마의 매력이 여행자들의 마음을 자연스럽게 끌어당기고 있다.

# 지금 뜨는 여행지 2 요나고

## 피로를 내려놓는 서일본의 '세컨드 거점'

일본의 서쪽, 산인 지방의 작은 도시 요나고(米子)는 최근 '숨겨진 보물 여행지'로 새롭게 평가받고 있다. 눈에 띄는 랜드마크나 화려한 상업 지구는 없지만, 이 도시가 가진 느린 공기와 일상의 풍경이 젊은 세대의 여행 감각과 잘 맞아떨어진다. 요나고는 공항과 역, 온천, 바다, 산이 모두 30분 생활권 안에 들어오는 독특한 구조이다. 이는 속도를 늦추고 숨을 고를 수 있는 여정을 가능하게 하며, 만화, 온천, 해산물, 사막 등의 다양한 매력을 지닌 요나고를 2026년 여행 키워드와 잘 맞는 지역으로 만든다.

요나고는 돗토리현 서부의 관문 도시로서, 뒤로는 '산인의 후지산'이라 불리는 다이센(大山)이 병풍처럼 서 있고 앞에는 미호만(美保湾)이 넓게 펼쳐져 있다. 산과 바다, 도시가 한눈에 보이는 이 지형은 전형적인 관광지 연출이라기보다, 실제로 사람들이 살아가는

요나고성에서 바라본 다이센 ⓒ 요나고성 공식 홈페이지

지역을 살짝 들춰보는 느낌을 준다. 산인 특유의 잦은 흐린 하늘과 옅은 안개, 낮은 대비의 빛이 도시를 부드럽게 감싸며 여행자가 조용히 머물 틈을 만들어 준다.

요나고 지역 관광의 주요 동력 중 하나는 만화 IP이다. 인접한 사카이미나토(境港)는 요괴 문화의 본거지로 알려진 곳이다. 『게게게의 키타로』 작가 미즈키 시게루의 고향으로, 역 주변 미즈키 시게루 로드에는 170개 이상의 요괴 동상이 늘어서 있다. 한때 쇠퇴한 상점가였으나, 요괴 동상과 조명 연출이 더해지면서 지금은 지역을 대표하는 산책로로 재탄생했다. 밤이 되면 가로등 불빛 아래 요괴 조형물의 그림자가 길게 드리워지며 산인 특유의 밤 분위기를 완성한다. 과도하게 꾸며지지 않은 지역의 공기가 젊은 여행자에게 더 매력적으로 다가가는 지점이다.

여기에 또 다른 만화 세계관이 겹쳐진다. 호쿠에이 마을에는 『명탐정 코난』의 작가 아오야마 고쇼를 기념하는 기념관이 있다. 요괴와 코난이라는 전혀 다른 두 개의 IP를 하루 이틀 안에 모두 체험할 수 있어, 돗토리현은 스스로를 '만화 왕국'으로 정의하며 성지순례와 지방 도시 산책이 하나의 흐름 안에 묶이는 구조를 제공한다.

요나고는 체류 환경에서도 '느림의 미학'과 '힐링'을 제공한다. 가이케 온천(皆生溫泉)은 바다와 거의 맞닿은 위치에 자리한 오션뷰 온천이다. 많은 숙소가 노천탕을 바다 쪽으로 열어 두어, 탕에 몸을 담근 채로 석양이 수평선을 물들이는 장면을 그대로 마주할 수 있다. 최근에는 인피니티 노천탕을 배치하는 등 젊은 감성에 맞춘 리뉴얼을 통해 부담 없는 온천 여행지로 자리매김하고 있다.

요나고 여행은 다이센과 사구라는 두 축의 자연을 한 번에 경험할 수 있다. '산인의 후지산'이라 불리는 다이센은 초여름의 짙은 녹음과 가을의 선명한 단풍, 겨울의 설산 풍경을 모두 보여준다. 산기슭에는 천 년 역사의 다이센지가 자리하며, 이끼 낀 돌계단과 깊은 숲길이 발걸음을 느리게 만든다. 특별한 액티비티 없이 천천히 걷는 것만으로 충분한 여행을 찾는 흐름 속에서 다이센 주변의 산책길은 중요한 축이 된다.

여기에 일본 최대 규모의 해안 사구인 돗토리 사구가 대비를 이룬다. 바다와 모래 언덕이 맞붙은 비현실적인 풍경은 이국적인 사진을 원하는 세대에게 매력적이다. 사구가 만들어내는 수평적 스

돗토리사구 ⓒ 돗토리현관광연맹 공스 홈페이지

케일과 다이센이 제공하는 수직적 스케일을 하나의 여행 안에서 경험할 수 있다는 점에서 요나고는 다른 해변 도시와 구분되는 조합을 가진다.

먹거리 역시 요나고의 중요한 매력이다. 인근 사카이미나토는 일본에서도 손꼽히는 어항으로, 특히 겨울철 대게와 홍게가 집결하는 산지이다. 항구 근처 식당과 시장에서는 새벽 경매 직후 들어온 해산물을 바로 손질해 해산물 덮밥이나 회로 내며, 대게 다리가 들어간 된장국을 곁들인다. 한 그릇 안에 여러 종류의 생선이 올라가는 해산물 덮밥은 이 지역을 대표하는 점심 메뉴이다. 육류 쪽에서는 돗토리의 소울푸드인 소뼈 라멘이 있다. 소뼈를 끓여 낸 국물은 고소한 맛이 길게 남아, 지역민이 일상적으로 찾는 가게에서 '생활의 연장선'처럼 자연스럽게 즐기는 미식이다.

요나고는 크지 않은 도시이지만, 만화 IP, 온천, 해산물, 사구라는 전혀 다른 테마를 하루 단위로 나누어 즐길 수 있다. 교토나 오사카 같은 메이저 도시 이후, 조용하지만 콘텐츠 밀도가 높은 지역으로 이동하려는 수요와 잘 맞는 세컨드 거점에 가깝다. 2026년 이후 여행 트렌드가 혼잡을 피하고 감각적 작은 변화만을 즐기는 성향이 강화될 것으로 보인다. 요나고는 무언가를 하지 않아도 충만해지는 느린 여행, 도시와 자연이 부드럽게 연결된 구성을 통해 그 자체로 '조용한 만족'을 주는 여행지이며, 산인 지역 전체가 새로운 여행 축으로 주목받는 데 중요한 역할을 맡을 것이다.

# 지금 뜨는 여행지 3
# 이토시마

후쿠오카의 숨겨진 관광지,
일본의 하와이

일본 후쿠오카시 중심부에서 차량으로 30~40분이면 닿는 가까운 거리에 '일본의 하와이'라 불리는 특별한 장소가 있다. 바로 후쿠오카현 북서부에 위치한 이토시마(糸島) 반도이다. 현해탄에 면한 해안 도시로, 에메랄드 빛 바다와 하얀 모래, 야자수가 어우러진 풍경이 남국의 휴양지를 떠올리게 한다. 이름만 보면 섬처럼 들리지만 실제로는 육지와 이어진 반도 형태의 도시이다. 최근 몇 년 사이 SNS를 중심으로 젊은 세대와 여성 여행자들 사이에서 후쿠오카 여행의 새로운 필수 코스로 빠르게 자리 잡았다.

이토시마의 진정한 매력은 아름다운 해변뿐만 아니라, 풍성한 로컬 문화와 고즈넉한 산의 매력까지 동시에 품고 있다는 점이다. 해변에서 불과 20분만 차를 몰면 숲과 계곡이 이어지고, 작은 공방이나 직매장이 나타난다. 도심의 편리함에서 크게 벗어나지 않으

이토시마에 위치한 사쿠라이 후타미가우라(櫻井二見ヶ浦) ⓒ 이토시마 관광 사이트

면서도, 느긋한 리듬 속에서 자연과 사람, 음식이 유기적으로 이어
진다. 이토시마는 "당일치기로 떠나는 힐링"과 "한 달쯤 살아보고
싶은 도시"의 경계에 있는 곳이다.

　해안선을 따라 이어지는 이토시마의 도로는 그 자체가 여행의
하이라이트이다. 드라이브 중 차창 밖으로 펼쳐지는 바다와 하늘
의 경계, 그리고 작은 상점들이 만들어내는 풍경은 한 장의 엽서
같다. 이토시마의 가장 상징적인 장소는 사쿠라이 후타미가우라(櫻
井二見ヶ浦)이다. 흰색 도리이 너머로 나란히 서 있는 부부 바위는
인연과 화합의 상징으로, 해 질 무렵 붉게 물든 하늘 아래에서 특
히 아름답다. 일본의 '석양 100선'에 선정될 만큼 해 질 무렵의 풍
경이 장관이다. 수평선 위를 붉게 물들이며 바위 사이로 지는 황홀
한 일몰은 로맨틱한 분위기를 극대화하여 연인들의 필수 코스로

꼽힌다.

이토시마에는 '바다를 배경으로 그네가 걸린 포토존'이나 '천사의 날개 벽화' 등 누구나 한 장쯤 남기고 싶은 감각적인 장면이 곳곳에 숨어 있다. 푸른 하늘과 바다를 배경으로 매달린 '야자수 그네'는 이토시마를 남국 휴양지로 느끼게 하는 대표적인 인스타 명소이다. 또한, 일본 인기 애니메이션 〈이웃집 토토로〉를 연상시키며 '토토로의 숲'으로 불리는 아케야노오오토(芥屋大門) 공원 입구의 산책로는 나무 터널을 이루어 신비로운 분위기를 연출한다. 여행자는 하늘과 바다가 맞닿은 프레임 안에서 평범한 순간의 낭만을 즐긴다.

이토시마를 여행할 때 꼭 해야 할 일은 좋은 자리에 앉아 바다를 바라보며 커피 한 잔을 천천히 마시는 것이다. 해안가를 따라 늘어선 개성 강한 오션 뷰 카페들은 이토시마 드라이브의 필수 휴식처이다. 창가에 앉으면 수평선 너머로 햇빛이 반사되어 잔잔하게 흔들리는 바다가 그대로 눈앞에 펼쳐진다. 이국적인 2층 버스를 개조한 카페, 핑크색 네온사인이 감각적인 젤라토 숍 등 가게마다 콘셉트는 다르지만, 공통점은 자연이 주인공이라는 점이다.

바다 외에도 이토시마는 자연 그대로의 고요함과 깊이를 간직한 산악 지형의 매력이 있다. 하가네산 중턱에 자리한 시라이토노타키(白糸の滝)는 낙차 약 24m의 폭포로, 이름처럼 하얀 실타래가 흘러내리는 듯한 섬세한 물줄기를 자랑한다. 여름이면 만개한 수국이 폭포의 물안개와 어우러져 장관을 이루고, 시원한 계곡에서

는 송어 잡이 체험이나 흐르는 물에 면을 흘려 먹는 '소멘 나가시'도 즐길 수 있다. 도시에서 불과 한 시간 거리에 이런 자연이 있다는 사실이 이토시마를 더욱 특별하게 만든다.

보다 활동적인 여행자라면 포레스트 어드벤처 같은 체험형 시설도 좋다. 나무 위를 건너거나 집라인으로 숲 사이를 미끄러지는 순간, 아래로 펼쳐진 바다와 산이 한눈에 들어와 해변의 활기와는 또 다른 청량한 스릴을 느낄 수 있다.

이토시마의 또 다른 매력은 '로컬'에 있다. 이곳에는 대형 체인보다 작은 공방과 상점이 훨씬 많다. 바닷물로 직접 소금을 굽는 소금 공방, 천연 재료로 수제 비누를 만드는 작업장 등이 지역 곳곳에 숨어 있다. 이 공방들은 단순히 기념품 가게가 아니라, 여행자가 잠시 '이토시마의 일상'을 엿볼 수 있는 창구이다. 이곳에서 만나는 사람들의 느긋한 말투와 정성스러운 손길은, 관광지에서 느낄 수 없는 따뜻함을 전한다.

이토시마는 하루 동안 도시와 자연을 모두 경험할 수 있는, 삶의 속도를 늦춰주는 떠오르는 힐링 스팟이다. 아침엔 바다에서 커피를 마시고, 오후엔 산속 폭포에서 시원한 바람을 맞는다. 저녁에는 다시 해안으로 내려와 붉게 물든 하늘 아래서 하루를 마무리한다. 여행자는 잠시 스마트폰을 내려놓고, 창가에 기대어 석양을 바라보며 자신만의 리듬을 되찾는다.

멀리 가지 않아도 새로운 감각을 얻을 수 있는 곳, 그것이 바로 이토시마가 사랑받는 이유이다. 자연의 아름다움과 여유, 그리고 젊은 감성이 어우러진 이곳은 단순한 휴식을 넘어, '이렇게 살아도 괜찮겠다'라는 마음의 여유를 선물한다. 이국적인 감성과 산의 깊은 고요함을 동시에 품은 이토시마는, 지금 가장 가까운 힐링의 형태이자 후쿠오카 여행의 새로운 드라이브 명소로 자리하고 있다.

# 지금 뜨는 여행지 4
# 진다이지

일본 MZ세대의
새로운 하라주쿠

도쿄 조후시(調布市)에 위치한 1300년 역사의 고찰, '진다이지 (深大寺, じんだいじ)'가 MZ세대 사이에서 '자연계(自然界隈)의 성 지', '도쿄의 신 하라주쿠'로 불리며 화제가 되고 있다. 유서 깊은 불교 사원과 에도 시대부터 이어진 명물 메밀국수로 유명했던 이 조용한 마을에 최근 1년 사이 MZ세대들이 대거 몰리면서, 현지 주 민들이 "마치 하라주쿠 다케시타 거리를 보는 것 같다"고 말할 정 도로 인파가 폭증하고 있다.

나라 시대에 기원을 둔 진다이지는 아사쿠사 센소지 다음으로 오랜 역사를 지닌 도쿄의 고찰이다. 경내에는 국보 석가여래상과 풍경 좋은 연못, 울창한 나무와 샘물이 남아 있으며, 바로 옆에는 광대한 진다이 식물공원이 자리한다. 한동안 중장년층과 시니어를 중심으로 사랑받던 이 근교 사찰이 갑자기 MZ세대의 '핫플'로 부상한 배경에는, 자연을 향한 새로운 선호와 소여행(小旅行) 감성이 있다.

진다이지 인기의 불을 지핀 것은 단연 SNS, 특히 틱톡과 인스타그램이다. 짧은 영상과 사진으로 진다이지 풍경이 확산되면서, '도쿄 근교 자연계(自然界隈) 성지'라는 표현이 붙기 시작했다. '자연계'는 산, 강, 바다 등 자연이 풍부한 장소를 찾아가 휴식을 취하고, 그 경험을 SNS에 공유하는 문화로, '힐링(癒し)'과 '인생샷(映え)'을 동시에 추구하는 새로운 여행 패턴이다. 도쿄 도심에서 전철과 버스를 갈아타면 한 시간 안에 닿을 수 있는 뛰어난 접근성은 비싼 특급권 없이도 가볍게 다녀오는 소여행 감각을 가능케 하며 진입 장벽을 낮췄다.

MZ세대가 이곳을 찾는 가장 큰 이유는 자연과 비일상을 느끼면서도 사진이 잘 나오는 곳이기 때문이다. 참배길은 나무 그늘과 작은 개울, 오래된 가게 간판이 어우러져 마치 지브리 애니메이션 속에 들어온 듯한 분위기를 만든다. 여기에 레트로 병 라무네를 한 손에 들고 사진을 찍는 포즈가 유행하면서, 라무네의 레트로한 느낌과 초록빛 자연, 고찰의 고요함이 만들어내는 조화가 독특한 감성을 연출하며 최고의 '인생샷'을 완성한다. 화려한 번화가가 아닌 데도, 오히려 그런 점 때문에 피드에서 더 눈에 띄는 사진이 된다는 점이 '역-인싸 감성'을 찾는 젊은 세대의 취향을 정확하게 겨냥했다.

단순히 풍경만 아름다운 곳이라면 MZ세대의 관심이 이 정도로

지속되기는 어렵다. 진다이지가 꾸준히 사랑을 받는 이유는 '오래 머물고 싶은 체험 요소'가 풍부하기 때문이다. 그 중심에는 '무사시노 진다이지 가마' 등 공방에서 즐길 수 있는 라쿠야키(らくやき, 도자기 그림 그리기) 체험이 있다. 미리 구워진 초벌 도자기에 직접 그림을 그리고 20분 정도 구워내는 이 체험은 세상에 하나뿐인 나만의 기념품을 만들 수 있다는 점에서 인기를 끌고 있으며, 요즘에는 4시간 대기를 감수해야 할 정도로 폭발적인 반응을 얻고 있다.

맑은 용수로 유명한 진다이지는 이름 그대로 '깊은 물의 절'답게 물과 인연이 깊고, 예로부터 메밀 재배가 발달해 명물 소바로도 잘 알려져 있다. MZ세대 여행객들은 물레바퀴가 돌아가는 연못 옆 테라스석이 마련된 식당을 특히 선호하며, 시원한 물소리를 들으며 식사를 하는 '오감 힐링'을 즐긴다. 소바 외에도 메밀 반죽으로 만든 소바빵, 경단 등 다양한 길거리 음식이 있어 먹는 재미도 더해진다.

MZ세대에게 여행과 나들이는 '가서 느끼는 것'이자 동시에 '찍어서 남기는 것'이다. 진다이지는 자연과 역사, 먹거리와 체험, 포토 스폿이 한정된 공간 안에 밀도 있게 모여 있어, 짧은 시간 안에 여러 종류의 콘텐츠를 생산할 수 있다. 도심에서 지하철 몇 정거장 떨어진 거리지만, SNS에 올려 보면 도쿄 같지 않은 풍경, 작은 여행을 다녀온 듯한 이미지를 줄 수 있다는 점도 MZ세대 감각과 잘 맞는다. '시간 대비 효율(タイパ, 타이파)'을 중시하는 MZ세대에게 저렴한 비용으로 힐링과 특별한 경험을 얻을 수 있는 최적의 목적

진다이지(深大寺) ⓒ 진다이지 공식 홈페이지

지인 셈이다.

하라주쿠화(原宿化)'라는 표현은 단순히 인파가 많아졌다는 뜻을 넘어, 전통적인 사찰 공간이 '체험형, 포토제닉, 푸드 워크' 중심의 젊은 세대의 문화와 결합하는 현상을 의미한다. 물론 우려도 존재한다. 방문객 급증으로 쓰레기, 소음, 참배길 혼잡 문제가 나타나면서, 절로서의 의미와 예절이 흐려지는 것이 아니냐는 목소리가 나온다. 진다이지 측은 "매너를 지키며 즐겁게 참배해 달라"고 꾸준히 호소하고 있다. 자연을 즐기고 사진을 찍는 것은 좋지만, 이 공간이 여전히 신앙과 생활의 장소라는 사실을 잊지 말아야 한다는 메시지다.

그럼에도 진다이지의 하라주쿠화는, 도시 피로와 디지털 피로를 잠시 내려놓으면서도 완전히 아날로그로 돌아가지는 않는 MZ세

대 특유의 균형 감각을 보여준다. 접근성이 좋은 근교의 자연·역사 공간이 도심 상업지 대신 다음 세대의 놀이터이자 피드의 배경으로 선택되고 있는 것이다. 자연과 레트로, SNS를 동시에 즐기는 MZ세대의 라이프스타일을 상징하는 장소로서, 진다이지는 향후 일본 근교 관광의 새로운 모델이자 넥스트 핫플레이스로 주목받고 있다.

2026日本で流行っているもの

# 에필로그

이 책을 덮는 지금쯤이면, 일본의 모습이 처음보다 조금은 다르게 보일지도 모르겠다. 처음에는 단순한 유행처럼 느껴졌던 장면들, 사소한 선택처럼 보였던 변화들이 사회 전반의 분위기를 형성하는 일부였다는 사실도 자연스럽게 떠올랐을 것이다. 트렌드는 늘 그렇게, 지나간 뒤에야 그 의미가 또렷해진다.

'2026 일본에서 유행하는 것들'은 미래를 하나의 답으로 규정하기 위해 쓰인 책이 아니다. 오히려 일본 사회 곳곳에서 나타나고 있는 여러 모습들을 따라가며, 그 안에 흐르는 공기를 전하고자 했다. 겉으로 드러난 유행들 너머의 배경까지 함께 읽어낼 수 있는 안내서가 되기를 바랐다.

일본의 트렌드는 언제나 명확한 경계 없이 일상 속으로 스며든다. 어느 날 갑자기 나타난 것처럼 보이지만, 그 이면에는 오랜 시간 쌓여온 생활 방식과 가치관의 변화가 자리하고 있다. 이 책에 담긴 여러 장면들 역시, 그런 변화의 과정 중 한 지점을 지나며 포착한 모습들이다. 몇 년 뒤 다시 이 책을 펼쳐본다면, 어떤 흐름은 사라져 있고, 어떤 흐름은 전혀 다른 모습으로 이어지고 있을지도 모른다.

그럼에도 불구하고 이 기록이 의미를 갖는 이유는, 변화의 '결과'가 아니라 '과정'을 함께 바라보려 했기 때문이다. 지금 일본 사회를 이해하는 데 도움이 되는 하나의 시선으로, 혹은 앞으로의 변화를 스스로 생각해 볼 수 있는 출발점으로 이 책이 남기를 바란다. 정답을 제시하기보다는 질문을 남기는 책으로 기억된다면 충분하다.

2026년은 이제 문을 열었고, 일본 사회는 지금 이 순간에도 계속 변하고 있다. 이 책을 통해 떠올린 생각들이 일상 속에서 다시 고개를 들고, 각자의 방식으로 이어지기를 바란다. 일본을 바라보는 또 하나의 좌표로서 재팬코리아데일리가 앞으로도 그 역할을 이어갈 수 있기를 바라며 이번 집필을 마친다.

# 2026
# 일본에서 유행하는 것들

**초판 1쇄 펴낸 날** | 2026년 1월 16일

**지은이** | 재팬코리아데일리
**펴낸이** | 홍정우
**펴낸곳** | 브레인스토어

**책임편집** | 김다니엘
**편집진행** | 김진호, 정채현, 박혜림
**디자인** | 이예슬
**마케팅** | 방경희
**표지 일러스트** | 오지은

**주소** | (03908) 서울시 마포구 월드컵북로 375, DMC이안상암1단지 2303호
**전화** | (02)3275-2915~7
**팩스** | (02)3275-2918
**이메일** | brainstore@publishing.by-works.com
**블로그** | http://blog.naver.com/brain_store
**인스타그램** | https://instagram.com/brainstore_publishing

**등록** | 2007년 11월 30일(제313-2007-000238호)